Patze · Reiseskizzen Italien

CHRISTINE PATZE

Reiseskizzen

ITALIEN

BOER

Zeichnungen von Hella Nohl

Titelbild: Venedig, Alter Stahlstich
des frühen 19. Jahrhunderts

Unveränderter Neudruck der Ausgabe © 1996
Satz und Druck: Boer Verlagsservice, Grafrath
ISBN 978-3-924963-76-7
www.boerverlag.de

INHALT

Venedig, Alter Stahlstich des frühen 19. Jahrhunderts

Bildungsreisen?

Wer nach Bildung strebt, macht sich verdächtig. Er muß, so meint man, antiquiert sein, weltfremd, reaktionär. Man wagt kaum – nicht im Fernsehen, nicht in Zeitschriften, Vorträgen oder Ausstellungen – Gegenstände oder Zusammenhänge um ihrer selbst willen darzustellen, sie brauchen ein Alibi aus der Gegenwart:

> *Landesgeschichte des 18. Jahrhunderts – und ihre Auswirkungen heute.*
>
> *Preußen – ein Prozeß.*
>
> *Die Kunst des 18. Jahrhunderts – was sie heute bedeutet.*
>
> *Bauhütten des Mittelalters – ihre soziologische Funktion aus unserer Sicht.*

Vielleicht ist diese unermüdliche Entschuldigung für ein über das Heutige und Alltägliche hinausgehendes Interesse nötig, weil es nicht viele Menschen gibt, die Spaß daran haben, etwas zu wissen. Vielleicht hat man auch das unklare Gefühl, daß es ein unerlaubter Luxus sei, etwas zu lernen, das man nicht unmittelbar im täglichen Leben anwenden kann, etwas, das nicht nützlich ist im materiellen Sinne, etwas, das keinen greifbaren Zweck hat. Insofern sind Studienreisen wirklich Luxusreisen – und wir als Vermittler stets in einer mißlichen Lage.

Denn kann man durch Ägypten reisen, ohne die gegenwärtigen Beziehungen zu den übrigen arabischen Staaten zu erörtern? Kann man die Ruinen der Maya-Pyramiden erklären, ohne die Guerrilleros von heute zu erwähnen? Darf man im Tower von London Details aus der Geschichte Heinrichs VIII. erzählen und den monatelangen Streik der britischen Bergarbeiter vergessen? Eigentlich nicht. Aber wie lange sollen unsere Reiseleiter auf ihr Publikum einreden, wenn sie beides perfekt bieten wollen, Vergangenheit und Gegenwart, Tatsachen und deren mögliche Nutzanwendung?

Es wird immer so sein, daß der eine sich in der Vergangenheit besser auskennt, der andere mit minutiösen Informationen über die Gegenwart dienen kann. Viele werden versuchen, das eine schlecht und anderes recht zu machen. Eine Ideallösung gibt es nicht. Zumal alles, was man erläutert und erzählt, zwangsläufig Stückwerk bleibt. Denn noch fehlen die Pflanzen, von denen der beflissene Reiseleiter vielleicht drei kennt und die vierte nicht mehr. Noch fehlt die Geologie, von der er, wenn er nicht selbst Geologe ist, nur bei klugen Kunden schmarotzt hat. Und je breiter der Fächer des Wissens sich entfaltet, um so oberflächlicher muß hinwiederum die Einzelinformation ausfallen. Es bleibt letztlich Geschmackssache und wird im Urteil des einzelnen verschieden bewertet werden: Der eine ist begeistert, wenn er wenig, aber von allem etwas erfährt. Ein anderer möchte weniger, dies wenige aber lückenlos und gründlich.

Und jeder wird aufmerksam lauschen, wenn ein Reiseleiter über die gegenwärtige Situation eines Landes Informationen geben kann, die tatsächlich über Funk und Fernsehen hinausgehen. Daß das nicht leicht ist, nicht mal für einen Einheimischen, liegt auf der Hand. Und so läuft es schließlich doch auf eine »Studienreise« hinaus, die der »antiquierten« Bildungsreise ähnlich ist; aber doch nicht ganz mit ihr identisch.

VENEDIG

Die schwarzen Katzen

Friedrich Nietzsche wollte ihnen »... noch einen Reim ins Gefieder hängen ...«, den Tauben von S. Marco. Heute wird jeden Tag eine bestimmte Anzahl von ihnen getötet, systematisch und nach Plan. Sie nähmen sonst überhand. Und wenn venezianische Buben sich mit den Touristengruppen einen Scherz machen, dann werfen sie eine Handvoll Körner den ergriffen schauenden Bewunderern der Kirchenfassade zwischen die Beine, und schon folgen nickend, pickend, störend und fast unappetitlich Scharen von Tauben, trippeln den Fremden um die Füße, flattern über die Schuhe und sind lästig und rattenhaft unangenehm. Man versteht die makabre Maßnahme der venezianischen Stadtväter. Aber manchmal erweitert sich die Vorstellung unerlaubt in größere Dimensionen: Wie, wenn Venedigs Verwaltung einmal tagtäglich eine gewisse Anzahl Touristen umbringen ließe, weil sie überhand nehmen? Ich habe ein 45 Jahre altes Foto vom Markusplatz, aufgenommen an einem schönen, warmen Augusttag, mitten in der Hochsaison also, und obwohl es alt und natürlich nur schwarzweiß ist, freut sich mein Herz und zweifelt mein Verstand: Die große Fläche des Platzes ist völlig leer. Drei einheimische kleine Jungen stehen vor den unbesetzten Tischen des Café Florian, Tauben – sonst nichts. Von den Prokuratien zum Napoleonsflügel und von diesem bis zu den erzenen Sockeln der Fahnenstangen, durch diese hindurch auf das Säulenkleid der Portalarchitektur, – alles frei und leer, ein einziger überschaubarer ungestörter Raum. Ich erinnere mich noch, wie wir damals unvorbereitet und ohne die Weisung eines klugen Buches oder eines erweiterten Stadtplanes unvermutet aus enger Gasse auf die

Venedig, Markusplatz

besonnte Fläche hinaustraten und der weiße Platz wie ein Leinentuch vor uns auseinanderriß. Wie da, einsam fast, ein Kuppelgebirge über einer nie gesehenen Fülle von Schmuck und Reichtum thronte. Wir waren so ahnungslos wie die Tauben, hatten nie von der Geschichte der Dogen gehört, nie von den Reliquien des heiligen Markus, nie von der Plünderung Konstantinopels, vielleicht ein wenig von Venedigs Handelsbeziehungen zum Orient. Das genügte schon, die Phantasie zu beflügeln, denn alle Herrlichkeiten standen ja klar vor uns, man konnte sie ungestört mit einem Blick erfassen, man war fast allein mit ihnen, und der Eindruck war und blieb überwältigend.

Der Zufall wollte, daß genau 45 Jahre vergingen, ehe ich wieder nach Venedig kam. Der Zufall wollte, daß es wiederum in der Hochsaison war, wieder an einem wunderschönen sonnigen Augusttag, und der Zufall führte meine Hand oder meinen Fotoapparat, auf daß sie das gleiche Bild schossen, wie damals. Es zeigt nur Menschen: Ostasiaten und Afrikaner, die den höchst bewundernswerten Versuch machen, eine ihnen fremde Kultur zu verstehen, braun gebranntes Strandgut von den nahe gelegenen Badeorten, Kinder und Halbwüchsige, Verkäufer und Käufer, und Tauben.

Die wenigstens waren auch damals schon dort. Natürlich sieht man auch die Kolonnaden, auch ein wenig von S. Marco, aber verknäult und versteckt; man wird arbeiten müssen heranzukommen, man wird in der Nähe das schlaue Buch unbedingt brauchen, um die Details aufzufinden, die sich einst von selbst präsentierten. Und zu denken, daß all diese Menschen, die tageweise die Einwohnerzahl Venedigs um ein Hundertfaches anwachsen lassen, daß alle diese zusätzlich eine Kanalisation belasten, die ohnehin in der Stadt ohne Gefälle problematisch ist, daß alle diese nicht nur den Tauben, sondern ungewollt auch den Wasserratten zu fressen geben, dies zu denken, macht den makabren Gedanken weniger absurd, daß das Taubengesetz eines Tages auf ein Touristengesetz erweitert werden könnte.

Human natürlich. So, daß an der Brücke in Mestre riesige Gitter stehen, davor zahlreiche Ticketschalter, große Schilder: Museum Venedig, Öffnungszeiten von – bis; und dann vor allem ein eiserner Vorhang, eine rasch zu schließende Panzertür, die nach dem zweitausendsten verkauften Ticket automatisch einrastet und sich erst nach drei Tagen wieder öffnen läßt, wenn das Zählgatter, aus dem die Tickethalter wieder heraustreten, wiederum zweitausend ergibt.

Wie sollten wahrlich dankbar sein, daß wir Venedig nicht als Museum erleben, sondern noch als lebendige Stadt, in der abends die Büroangestellten mit dem gleichen Dampferchen nach Hause fahren wie wir, ihr Strickzeug aus der Tasche ziehen und dabei einander erzählen, was sie Peterchen zum Geburtstag schenken werden, und daß die Oma in unerträglicher Weise vergeßlich wird. Und daß wir sogar die Möglichkeit haben, Venedig dann zu besuchen, wenn weniger oder keine Touristen da sind: im Winter.

»Venedig kann sehr kalt sein« heißt ein Kriminalroman von Patricia Highsmith, und das stimmt. Im Winter stehen keine Stühle im Freien, kein Wiener Stehgeiger sendet Walzermelodien ins Sonnenlicht, die Kälte beißt einen ins Bein, wenn man vor einem Palast staunen oder sich im Museo Correr konzentrieren möchte. Dann aber ins gut geheizte Café einzutreten, dann einen Espresso auf der Zunge zergehen, eines der lyrisch zarten Gebäckstücke zerschmelzen zu lassen, das ist mehr als Wiener Kaffeehausmusik. Wenn der bittere Trank das Blut beschleunigt, den Herzschlag stärkt, Wärme zaubert und den Geist belebt, und wenn dabei höchstens zwei Einheimische mürrisch in ihre Zeitungen schauen, dann lacht das Herz, dann freut sich der Leib. Je mürrischer die Einheimischen blicken, um so mehr. Es ist ja ihr Wetter, ihre Kälte, mich geht sie gar nichts an. Der Kenner muß jetzt sagen: Aber man sieht doch nichts. Richtig, man sieht nichts, und das ist vielleicht das beste: Venedig ist neblig. Bis gegen 11 Uhr am Morgen ist es absolut geschlossen gegen jeden Blick, kühle Feuchtigkeit dringt in alle Poren und umschließt doch sammetweich Geräusche und Konturen. Auf dem Canal Grande tuckern die Lastkähne, aber man sieht sie nicht, und der Ton klingt verhalten. Es ist, als drücke einem eine höhere Gewalt den Kopf nach unten, so daß man immer nur den nächsten Schritt, die nächste Stufe erkennt. Das, was man aber sieht: der kleine Ausschnitt, die neblig weiche Nähe, das ist behutsam, wohnlich und gemütlich, trotz der Kühle.

Solange die amtlichen Wasseromnibusse fahren, ist es überhaupt nicht schlimm, man kann sich ihnen anvertrauen und, wenn man wegen Überfüllung stehen muß, den immer gleichen Fehler machen, den Ausländerfehler, den Fremdenfehler. Man sucht krampfhaft, sich festzuhalten, um beim nächsten Ruck nicht umzufallen oder den Nachbarn zu treten. Das gehört in einen Großstadtomnibus, nicht in ein Großstadtboot. Das Vaporetto ruckt nicht, man fällt nicht, man schwankt sanft, und es scheint, als dämpfe der Nebel auch diese Bewegung. Und wo immer man nun aussteigt, zügig, denn Venedig ist nicht nur romantisch, sondern auch eine große Stadt mit Betrieb und Eile, wo immer man nun aussteigt, wird man im Nebel zweifeln, ob die Gasse rechts oder die Brücke links liegt. Und vielleicht hebt man endlich den Kopf und – o Wunder! Dort oben, über dem undurchdringlichen, feuchten Grau hängt die Spitze eines Kirchturms vom blauen Himmel herab, ziegelrot und marmorweiß. Über dem hingebreiteten Schleier, über der grauen Seide liegen Venedigs Türme, Venedigs Kuppeln, entfaltet sich ein Spiel von Grün zu Gold, von Perlmutt zu Rosé. Schon treten die becherförmigen Mündungen der Schornsteine ins Licht, schon blitzt ein gotischer Bogen in der Höhe, die farbige Inkrustation eines Tores. Noch immer bleibt in Augenhöhe alles geschlossen, aber langsam sinkt die Grenze des Sichtbaren nach unten, sie fällt schon bis auf die oberen Stufen einer barocken Kirchenfassade. Vielleicht ist das zufällig S. Salvatore, in der das absolute Gegenteil des Nebels als Altarbild hängt, die Emmaus-Szene von Giovanni Bellini. Ein Bild von solcher Klarheit, solcher Deutlichkeit, daß die Sinne davon schmerzen wie von einer heilsamen Medizin.

Draußen fällt der Nebel in die Kanäle. Venedig liegt für Stunden in der Wintersonne, klar und verklärt. Erst am Spätnachmittag verhüllt es sich wieder, dann vielleicht so dicht, daß kein Boot mehr verkehren kann, die Nebelglocke von S. Giorgio ununterbrochen läutet und man zu Fuß gehen muß, denn ein Wassertaxi würde bei solch einem Wetter das Zehnfache vom ohnehin hohen Normalpreis kosten – der Verantwortung wegen, sagt der Taxikapitän.

Verantwortung lehnen die Fluggesellschaften ab, die auch im Winter Venedig anfliegen, aber oft ihre Flüge streichen. Das bescherte mir ein unerwartetes Erlebnis. Ich mußte auf die Eisenbahn umbuchen, ich mußte das Gepäck umdirigieren, Abrechnungen ändern, nochmals Geld besorgen, das sonst nicht nötig gewesen wäre. Die für all diesen praktischen Kram kalkulierte Zeit aber erwies sich als erfreulich reichlich veranschlagt,

plötzlich stand ich ohne Koffer und Pflichten mit 45 Minuten Freizeit in Bahnhofsnähe. Zu wenig Zeit, um noch etwas Großes zu unternehmen, zu viel, um sie wie eine lästige Fliege mit gefalteten Zeitungen totzuschlagen.
Die Synagoge ließ sich erreichen, ich hatte sie noch nie besucht. Und fast schien es, ich sollte es auch heute nicht können, denn in ihr war Gottesdienst. Ein freundlicher Synagogendiener hielt mein Taktgefühl für übertrieben, er wies mich eine Treppe hinauf auf die Galerie der Frauen. Ein einziges, andächtiges Weiblein saß dort – es schlief. Unten aber, unverständlich, unaufhörlich rannen fromme Worte und immer wiederholte musikalische Figuren von betenden und lobpreisenden Lippen. Und die Männer dort unten mit schwarz-seidenen und bunt bestickten Kappen schaukelten dazu beschwörend vor und zurück, vor und zurück, einmütig, eintönig für einen, der sie nicht versteht. Schläfrig hörte ich ihnen zu. Und als meine Nachbarin erwachte, erhob ich mich leise und schlich zurück ins Treppenhaus.
Das hatte sich inzwischen angefüllt mit dem Duft frisch gebackenen Brotes. Bis in alle Fugen hinein war der süße, kräftige Geruch gedrungen, so stark, so unwiderstehlich, daß ich stehen bleiben mußte, wie betäubt. Auch hier hörte man den Gesang aus dem Innern, auch hier empfand man das Schaukeln der Körper wie gegenwärtig, das Brot aber, das frische Brot ... und da fiel mein Blick aus dem Fenster, aus dem Treppenhausfenster. Drunter lag ein Dach – es mochte einen ebenerdigen Schuppen decken, einen kleinen Laden, eine provisorische Barackenunterkunft – auf diesem Dach spielten neun rabenschwarze Katzen. Sie sprangen und lagen, sie griffen nach dem Schwanz der anderen, sie ohrfeigten und sie putzten sich, und alle schwarz, fleckenlos glatt und schwarz.
Das Gebet der Frommen, der Geruch der Nahrung, das Spiel der Schönen – das war Venedig.

VENEDIG

Zwei Bilder

Das eine Bild ist auf die Wand gemalt, das andere auf Leinwand. Der Maler des einen starb 1526, der des anderen 1955. Der erstere lernte sein Handwerk ordentlich bei den großen Lehrern Gentile und Giovanni Bellini, der andere ließ sich nur durch ein zufällig im Fenster ausgestelltes zeitgenössisches Gemälde inspirieren, das ihn wie ein Tiger ansprang. Das eine Werk ist gegenständlich, einleuchtend, lesbar, das andere dunkel in seinem Sinne, unfaßbar. Das eine wird von der Kunstgeschichte der Renaissance zugeordnet, das andere dem Surrealismus. Beide sind in Venedig zu sehen, das eine in der Scuola di San Giorgio, dem Bruderschaftsgebäude der Dalmatiner, das andere im Cà Pesaro am Canal grande. Das eine in der Geborgenheit eines zu bestimmtem Zweck erbauten Hauses, unter dem Patrozinium eines Heiligen, der es schützte, das andere in einem längst zweckentfremdeten luxuriösen Palast, in dem museal ausgebreitet ist, was individuell in Eigenverantwortung entstand. Die Umgebung des einen ist gesammelt und konzentriert, die des anderen weitausschweifend und frei.

Kein Betrachter wird Schwierigkeiten haben mit der Malerei des Vittore Carpaccio, die in der Scuola den Schutzpatron Georg im Kampf mit dem Drachen zeigt. Denn es ist klar: Der scharf umrissene Reiter in der spiegelnden schwarzen Rüstung bekämpft das Böse, das ihm in der Gestalt des Drachens federnd entgegenspringt, die Lanze splittert im Angriff und das Untier blutet. Mit Vergnügen, aber flüchtig und ungeprüft nehmen wir hin, daß links im Hintergrund eine Stadt liegt und rechts die Jungfrau kniet, die befreit werden wird. Ein klares Bild, Erläuterungen erübrigen sich. Wirklich? Daß die Kirche über der Jungfrau die des heiligen Cyriakus von Ancona ist und daß die Stadt durch das Stadttor von Kairo eröffnet wird, müßte man sich sagen lassen. Daß dieses orientalische Tor mit okzidentalen mittelalter-

Vittorio Carpaccio: Georg im Kampf mit dem Drachen (2 Ausschnitte)

lichen Mauern und einem antiken Theaterbau kombiniert ist, würde dann erst überraschen. Daß vor den schützenden Mauern und Türmen ein prachtvoller, sinnloser Bau steht mit Freitreppe und Balustrade, mit einer groß ausgeführten Marmorinkrustation, offenen Arkaden, Oculi und Kuppel, das ist in Wirklichkeit unmöglich, es ist reine Phantasie, es ist der Traumwelt des Künstlers entsprungen. Wir nehmen es wohlwollend hin als das Märchenhafte in Carpaccios Kunst, auch die messerscharfe, schmale Pyramide im Innern der Mauer, die mit einer Kugel bekrönt ist und die ein überaus spitziger Turmhelm sein könnte, direkt auf die Erde versetzt. Auch den Felsvorsprung vor dem Himmel, der in der Natur abbrechen müßte, auch das Felsentor rechts, das den runden gleichmäßigen, ganz und gar unnatürlichen Rahmen für ein fernes Segelschiff abgibt, auch den Felsen, der wiederum

unnatürlich, höchst unwahrscheinlich den Kopf der Jungfrau umgibt wie ein Heiligenschein. Auch die Leichenteile, die eklig und schauderhaft unter den Beinen von Pferd und Drachen verteilt sind, denn hier haust ja das Untier, hier hat es getötet und gefressen, und das sind die Reste davon. Und hier vielleicht, wenn man genauer hinschaut, ergreift einen zum ersten Mal die Ahnung, daß dies alles, was da klar gemalt und ausgesprochen ist, nicht nur mit Erzählungstatsachen und Bildinhalt zu erklären ist, sondern einer Vorstellung entstammt, die über das Reale hinausgeht. Denn wenn der Drache Menschen frißt –, hat er auch deren Schädel zu einer Sechsergruppe zusammenfügt, so daß sie ein schauriges Ornament ergeben? Hat er die Leiche desjenigen senkrecht aufgerichtet, der mager, halb noch Mensch mit geschlossenen Augen, aus der Erde ragt und mit dem Kopf in die Wurzeln eines Baumstumpfes stößt? Beide, Leiche und Baumstumpf, gehören weder der Welt der Lebenden an, noch der der Toten. Und aus eben solchem Zwischenreich muß die verstümmelte Frau stammen, deren Unterkörper zackig abgerissen ist, deren Gesicht und Busen aber schön sind, sogar noch immer mit unversehrtem Schmuck geputzt. Auch das Gewand bekleidet noch den halben Körper, nur da, wo es zackig zerfetzt ist, läßt es die Verwesung der Schönheit erkennen.

Der Torso des Mannes ist uns so zugewandt, daß wir auf die Fußsohle des erhaltenen Beines blicken, zugleich aber auf die riesige Wunde des abgetrennten Gliedes und daneben auf das ganz real, ganz dinglich und deutlich gemalte Geschlecht. Es kommt auf uns zu, der Kopf liegt bildeinwärts, die Perspektive stürzt ihn nach innen, gerade so wie die Reihe der mechanisch wiederholten Palmbäume, die an Telegrafenstangen gemahnen. Der Drache hat auch Tiere gefressen, die Skelette liegen verstreut, und ohne weiteres akzeptieren wir ein Schnecken- oder ein spitziges großes Muschelgehäuse dazwischen, das der Drache gewiß nicht ausgeschlürft hat. Und ebenso gedankenlos nehmen wir die kriechenden Tiere hin, wir glauben, daß sie vom Leichengeruch angezogen worden sind, daß sie vom Aas leben –, dabei sind es Eidechsen, Kröten, Schlangen, nichts, das sich von totem Fleisch ernährt. Sie sind gar nicht, was wir sehen, obwohl wir sie so deutlich sehen. Sie stoßen unabhängig von der präzisen Form Vorstellungen in uns an, die über alle Wirklichkeit hinausgehen. Selten ist das Grauenhafte so schrecklich gemalt, aber noch viel seltener ist es an diesem Bilde wahrgenommen worden. Getröstet vom großen Zusammenhang, von der Einbettung in einen Zyklus, überspringt der Blick das Außergewöhnliche, das Überwirkliche. Er kann es nicht überspringen beim Bild, das Yves Tanguy »Bauen und Zerstören« nennt. Denn hier ist, was bei Carpaccios Georgskampf glaubhaft unter Pferdehufen und Drachenklauen verteilt war, unglaubhaft, selbständig geworden, es hat sich aus dem Zusammenhang herausgelöst und dabei alle Erinnerungen an gegenständlich Bekanntes abgestreift. So, wie in der Geschichte der Malerei zunächst eine Landschaft winzig klein im Hintergrund angedeutet worden war, schließlich gleichwertig mit den in ihr handelnden Personen in den Vordergrund rückte und zuletzt alleiniger Bildgegenstand wurde, so ist hier das überwirkliche Stilleben des Todes und der Zerstörung aus dem Renaissancebild herausgetreten als alleiniger Inhalt. Der Zugang zu Carpaccios Malerei ist leicht, der zu Tanguys schwer. Schon ihre Beschreibung scheint unmöglich, ihre Benennung willkürlich, denn wo in diesem mit seltsamen Formen spärlich durchsetzten Bilde wird gebaut, wo zerstört? Es ist auf keinen Fall eine dramatische Zerstörung, nichts Explosives, Plötzliches, sondern eine milde langsame Auflösung, eine die Gegenstände durchdringende Anverwandlung an das Licht, ein weiches Verschwimmen mit Horizont, Himmel und Landschaft.

Vorn steht das Gebaute, scharf umrissen, plastisch greifbar, deutlich durch Dunkel und Helligkeit gegeneinander abgesetzt, schattenwerfend in einer nicht näher bezeichneten Wüste, in der sich Wellen bis ins Unendliche hin zu dehnen scheinen. Keine Natur bringt Formen hervor, wie sie sich hier im Vordergrund gruppieren: Links ein kugelbekrönter Kegel, hinterfangen von einem gemaserten, dreieckigen Schirm, glatte, weiche Formen verklammern einander. Im Bildganzen ist das gerade der Platz, der bei Carpaccio von der senkrecht stehenden Leiche über den sechs Totenschädeln eingenommen wird. Tanguys Form ist konstruiert, sie ist künstlich, sie ist gebaut –, weit hinten, wo die Illusion des Bildes den Horizont fast auflöst, wiederholt sich das Gebilde, schwach, gläsern, durchsetzt von Licht und Himmel. Es wirft noch immer deutlich einen Schatten, ist aber selbst schon nur noch Umriß und luftiges Inneres. Die Form, vorn so klar ausgedrückt, ist hier hinten zerstört, auch Auflösung ist Zerstörung, lautlose, leichte Zerstörung.

Das langgestreckte Oval eines Eies mit übertrieben spitzer Spitze, eine Form, die an Flugzeugmotoren unter Tragflächen erinnert, nimmt etwa die Stelle ein, an der Carpaccios Frauentorso liegt. Tanguys glattes Oval, greifbar, zur Berührung verlockend, ist umkleidet von einer aufgerissenen zweiten Form, die zackig abgebrochen scheint, weich zwar, wie alle phantastischen Gegenstände dieses Bildes, und doch entfernt vergleichbar dem zackig zerrissenen Gewand im Todesstilleben des Drachenkampfes. Konstruieren und Zerstören scheint in diesem Gebilde zusammengefaßt, was um das Ei herumgebaut war, ist bereits halb zerstört. Ein Nagel mit breitem Kopf oder ein Pilz auf geflügeltem Stiel, eine Halbkugel, ein Gebilde, das an einen Hobel erinnern könnte, ein aufgefaltetes Dreieck, – das verteilt Tanguy im Vordergrund so, wie Carpaccio Leichenteile, Knochen und Eidechsen. Und wo der Männertorso des Renaissancebildes liegt, da kommt auf diesem surrealistischen ein Schildkrötenpanzer vor, aufgerichtet auf eine Schmalseite, versehen mit zwei weit herausragenden Füßen. Zwischen diesen spinnen sich hauchfeine, dünne Fäden zu einem Rechteck und lassen mit unauflöslicher Binnenzeichnung der Phantasie Freiheit, etwas zu erkennen, was nicht klar ausgesprochen ist. Vielleicht wird hier das Feste, Harte, Konstruierte vom Zarten, Zähen eingesponnen bis hin zur Zerstörung. Kein Mensch würde sich Bauen so vorstellen, wie Tanguy es auf diesem Bilde tut, kein Mensch die Zerstörung so leise zu denken wagen.

Man ist versucht, in diesem Bilde das Unmögliche gemalt zu sehen. Aber dadurch, daß es gemalt wurde, ist es nicht mehr unmöglich. Man meint oft, der Surrealismus male Träume. Aber niemand wird je abstrakte Formen träumen, die sich in einer unbestimmten Landschaft gruppieren und auflösen. Niemand aber auch, wenn er Tod und Zerstörung denkt, sich ein Stilleben vorstellen, wie es Carpaccio malte. Beide Bilder stoßen mit präzise gemalten aber real unmöglichen Formen Vorstellungsketten in uns an, die sich bis ins bisher Unbekannte hinein fortsetzen.

Bauen, Konstruieren, Leben, dafür stehen in einem Bild die abstrakten, schattenwerfenden Gegenstände, im anderen der kämpfende Georg. Zerstören, das heißt in einem Bild leise Auflösung, im anderen tödliche Verstümmelung und langsame Verwesung. Beide Bilder gehen über die Wirklichkeit hinaus, beide erschrekken, das surrealistische sofort, das Renaissancebild allmählich. Aber beide sind dabei von tröstlicher Schönheit.

Haben Sie schon telefoniert?

Ob man eine Fremdsprache kann oder nicht, das erweist sich an zwei Merkmalen: 1. Ob man Witze in dieser Sprache versteht und rechtzeitig lacht – bei anständigen Witzen laut, bei weniger anständigen verhalten, auch dies ein wichtiges Indiz des Verständnisses und 2. ob man in dieser Sprache telefonieren kann. Es mag sich nur darum handeln, daß man einen landeseigenen Freund im fremden Hotel sucht, die deutsche Lehrerin an der Madrider Schule, den brüderlich vertrauten Kollegen, der gerade an einem französischen Institut arbeitet, und schon ist man dem Herzklopfen ausgesetzt, das ein einleitendes *allò, diga, pronto* oder *hellau* veranlaßt. Zudem ist die Verständigung schlecht und der Lärm ringsum groß. Einheimische machen sich wenig daraus, daß sie mit ihren intimsten Offenbarungen im Freien stehen, zwischen Passanten, Baumaschinen und einlaufenden D-Zügen, daß nur der Apparat mit einer halboffenen Glaskapsel geschützt ist, nicht aber der, der ihn benutzt. Dem Fremden muß es wie eine gezielte Bloßstellung seiner Unvollkommenheit vorkommen, denn er muß nun unsicher stelzend in aller Öffentlichkeit aussprechen, was er sich sorgfältig und grammatisch einwandfrei mehrfach vorher zurechtgelegt hatte. Natürlich vergißt er den Konjunktiv, mit dem er sich höflich glaubte, natürlich verschleift er die Endsilbe, die doch hätte klar klingen sollen. Die Antwort im Apparat stürzt ihn in zusätzliche Ratlosigkeit – Quatsch Konjunktiv, zum Teufel mit der Aussprache, verstehen muß ich erst mal, was der Kerl da sagt! Zudem bellt jetzt ein Hund zu meinen Füßen und in der Leitung knackt es. Ein fremdes Tuten: Lang-kurz-lang. Was heißt das hier? Stellt der Mensch auf einen anderen Apparat um? Oder heißt das »besetzt«? Oder hat er einfach aufgelegt? Wieder eine Stimme, wieder eine Frage, ziemlich eindringlich diesmal, am besten man wiederholt den Satz, den

man schon mal gesagt hat, laut, denn wenn ich nicht verstehe, versteht der andere sicher auch nicht, und Lautstärke hilft da vielleicht. Sagte er eben »sieben«? Was »sieben«? Sieben Uhr? Ich frage zurück. Ein Wortschwall. Kommt die gewünschte Person erst um sieben? Ja, um sieben. Ein Wortschwall. Soll ich dann anrufen? Ein Gelächter. Da habe ich wohl schrecklichen Unsinn gesagt. Dann endlich ganz langsam und rücksichtsvoll: »Bitte, gnädige Frau, rufen Sie um sieben Uhr wieder an.« Meine Nerven entspannen sich. Aber – lieber Himmel! – um sieben dasselbe noch einmal? Ich kenne Ärzte die verbieten ihren Bluthochdruckpatienten, im Ausland zu telefonieren.
Denn das Problem ist ja darüber hinaus auch ein technisches. Denn wo telefoniert man wie? Mit den gängigen kursierenden Münzen, die knapp sind? Oder mit eigens zu Telefonzwecken hergestellten Chips, die man käuflich erwerben kann an Orten, die man nicht kennt? Münze oder Chips –, man preßt sie in einen Schlitz oder legt sie in ein Bett, man drückt einen Knopf, oder man schließt zwei Hebel darüber, genau in dem Augenblick, in dem der Angerufene *pronto, diga* oder *hellau* sagt und dann, noch in Anspruch genommen von Pressen, Drücken und dem lauten Klicken der fallenden Münzen, hat man vergessen, was man fast flüssig radebrechen wollte.
Überhaupt wartet man erst auf das Freizeichen der Leitung. Das ist überall anders. Kleines, aufgeregtes Piepen bedeutet mancherorts »besetzt«. Langanhaltendes Brummen nicht überall »frei«. Der Ton der rufenden Glocke kann verwechselt werden mit dem Zeichen für »bitte warten«. Und kennen Sie die Hold-on-Musik? Derjenige, der Sie bittet zu warten, schiebt ein Tonband mit Schlagermusik vor den Hörer, man muß wissen, daß das kein Witz, sondern eine Höflichkeit ist.
Wenn man nun nach einem zweiten fremdsprachlichen Großangriff wirklich durchkommt und eine vertraute Stimme sagen hört: »Ach Du bist's, wie schön, daß Du anrufst ...«, dann erlebt man etwas, von dem neuerdings bezweifelt wird, daß es das überhaupt gibt: Heimatgefühl.

LUCCA

Der heilige Martin und der Meister Robertus

Wenn meine Erinnerung verschlafen blinzelt, laufen ihr zwei Städte durcheinander: Soest in Westfalen und Lucca in der Toscana. Zwei Stadtwälle, der eine besetzt mit Schalentürmen, die innen hohl und offen, außen fest und verteidigungswillig sind, der andere ein geschlossener Ring, auf dem man endlos unter dem Rauschen stolz gewachsener Platanen rundum wandern kann. Von beiden schaut man, von einem mit leicht erhöhtem, vom andern mit wirklich hohem Blickpunkt auf Türme und Gassen. Rosenblühende Vorgärten, malerische Fachwerkwinkel verspricht der Blick vom niedrigen Wall –, elegante Geschäfte, noble Fassaden der vom hohen. Beide aber schließen Kirchen ein, bedeutend, berückend, berühmt. Beide schließen Historie ein: die Hanse und die Künstlerkolonie hier, dort die aristokratische Republik und das Refugium des Adels und all derer, die die nahe gelegenen Heilquellen suchten.
Das alles ist in der Stimmung ähnlich, vielleicht nur darum, weil beides so schön ist. Wenn man sich gehen läßt, nicht denkt, sondern nur Geschehenem nachfühlt, dann tastet sich der mit Steineichen bewachsene Turm des Palastes Guinigi an die flache Brust von Sankt Patroklus heran, dann laufen die rundlich wiederholten Blendarkaden von S. Michele und S. Martino in den gotischen Höhenflug der Wiesenkirche hinein, dann wird ein winziges, liebevoll gepflegtes Vorgärtchen zur Schaufensterdekoration eines aufrüttelnd eleganten Modegeschäfts. Sogar das Außenmosaik von S. Frediano schleicht sich in der wohlig übermüdeten Erinnerung zum Altargemälde des Konrad von Soest hin und unterhält sich mit ihm ohne Verständigungsschwierig-

S. Martino

keiten. Sie sind verschieden, sich aber nicht fremd, Andacht ist beider Grundton, Schönheit ihr Anliegen, Farbe ihr Ausdruck. Und im schläfrigen Verschwimmen darf auch die einmal wirklich gewesene, dann immer als grotesk empfundene Umkehrung wirken, daß die Stadt in der Toskana überströmt ist von Regen, die Zwischenräume zwischen den Platanen der Wälle nebeldicht sind und die Scheinwerfer der Autos heller als der immer niedriger fallende Himmel und daß die westfälische Stadt in der Sonne liegt, poliert von Licht und klar in allen Konturen.

Und dann muß sich der Sinn entscheiden. Er kann einschlafen über dem genießerischen Durcheinander und auf Rückfragen Dritter müde antworten: »...ich weiß es nicht mehr...« Oder er kann sich einen Ruck geben und aufwachen. Nur ein einziges Mal auf der Welt gibt es den heiligen Martin an einer mittelalterlichen Domfassade so wie in Lucca, nur in einer Stadt wachsen Bäume auf der obersten Plattform eines Adelsturmes und sind das Sinnbild der Lebenskraft dieser Stadt, nur ein einziges Werk ist vom Meister Robertus erhalten, ein Taufbecken, und das steht in Lucca.

Der Martin –, sein Aufstellungsort in der Höhe über den Eingangsbögen ist befremdend. Das Pferd muß die Hufe auf Konsolen setzen, paarweise auf je eine. So lebendig, so greifbar es gestaltet ist, es kann sich nicht einen Zentimeter weiter bewegen, es würde abstürzen von der Fassade und zerschmettert vor unseren Füßen liegen. Dabei sieht es mutig aus, es wirkt realistisch und es trägt seinen Reiter so stolz, wie der häufig als Vergleich gebrauchte Gaul im Bamberger Dom den seinen. Der Heilige teilt seinen Mantel mit einem Bettler, der größengerecht halb hinter ihm steht. Alle drei, Pferd, Heiliger und Bettler sind gleichwertig gestaltet, frühere Darstellungen erinnerten nur an die gütige Tat des Martin, der Bettler war dem Geschehen als unwichtige Verständnishilfe beigegeben, winzig klein am Huf des Pferdes kauernd, ihm nachlaufend, nackt und verkrüppelt. Wie ist dieser Bettler hier gewachsen, wie wirkt er edel, ähnlich dem Heiligen, der ihn beschenkt. Und da kommt einem vielleicht ein ganz unmittelalterlicher, in der Psychologie von heute wurzelnder Gedanke. Übernähme nicht jeder willig die ihm zugewachsene Rolle, wie könnte der Heilige die seine erfüllen? Kein Wohltäter ohne einen Empfänger, kein Schenker ohne den Beschenkten. Bei solchem, vor diesem Kunstwerk unzeitgemäßen Denken kann man einer weiteren Frage kaum ausweichen:

Der heilige Martin, S. Martino

Warum verschenkt Martin den halben, nicht den ganzen Mantel? Die Frage, obwohl eben herausgefordert, ist müßig und sogar albern. Er teilt – das ist besser als Schenken schlechthin. Menge und Größe der Spende nachzurechnen, etwa gar vorzuschlagen, man könnte mit der zweiten Hälfte einen zweiten Bettler bedekken, das ist lächerlich. Das alles sind nicht nur Heiligenlegenden, es sind auch Geschichten zum Erzählen und Weiterspinnen, zum Sinnen und Ausschmücken. Und wie hätten die Merowinger glauben können, daß sie von Martins Mantel, der Cappa, eine Hälfte als Reliquie besäßen, wie hätten sie dafür einen Sakralbau, eine Kapelle, bauen können und wie sollten wir heute alles benennen, was dem gleicht oder zugehört, Kapelle, Kapellan, wenn Martin den ganzen Mantel verschenkt hätte?

Der Mantel spielt im Denken der Menschen eine besondere Rolle. Zunächst, das versteht man, als wärmendes Kleidungsstück, das sich nicht jeder leisten konnte. Wie prüft der heimgekehrte Odysseus seinen treuen Schweinehirten, als er unerkannt in kalter Nacht neben ihm liegt? Er klagt über die Kälte und erkennt Großmut und Treue des Eumaios daran, daß dieser ihm seinen Mantel überläßt. Ein Mantel konnte lebensrettend sein, er war Deckbett, Gewand und Symbol zugleich. jemand deckte ihn oder sie mit seinem Mantel zu, das klingt nach mehr als nach einer praktischen Handlung. Ein Hollywoodfilm schilderte tränenselig die Herzensgüte einer Diva dadurch, daß sie dem durchnäßten, eben aufgefundenen Straßenmädchen in ihrer Theatergarderobe den eigenen, kostbaren Pelzmantel überlegte und den Protest der Zofe energisch zurückwies. Heute also ein Pelz, ein Mantel aber immer. Sollte jemand durchaus und noch immer wegen des halben Mantels an der Güte des Martin zweifeln, so lese er seine Vita nach, in der sympathische Bescheidenheit in vielen weiteren Legenden berichtet wird ; die mit dem Mantel steht am Anfang, er hat später seinen Rock verschenkt und dafür auf dem Markt einen mit zu kurzen Ärmeln erworben, er hat sich stets selber die Schuhe geputzt, er hat nicht auf dem Bischofsthron gesessen, sondern auf einem Schemel daneben, die Martinsgans hat ihn verraten, als er sich aus Demut versteckte.

Blicken wir noch einmal zur Dreiergruppe vor Luccas Domfassade empor – übrigens, was wir sehen, ist eine Kopie; das Original steht, vor Wetter geschützt, an der inneren Westwand – noch einmal also zu den ebenbürtigen Gestalten von Martin, Pferd und Bettler, dann fällt uns vielleicht ein, daß im Bettler ja Christus selbst Gestalt angenommen hatte, um den kurz vor der Taufe stehenden Martin zu prüfen. Ihn, den Christus-Bettler groß dar-

Taufbecken, S. Frediano

zustellen, wäre also eigentlich angemessen, dennoch haben die frühmittelalterlichen Bildwerke ihn zum Attribut verkleinert. Vielleicht kannten sie die ganze Legende nur so oberflächlich wie die meisten von uns? Sollte der unbekannte Künstler der Gruppe in Lucca es besser gewußt und deshalb so anders gestaltet haben? Unbekannt bleibt er, trotz aller Spekulationen über stilistische Zusammenhänge. Unbekannt ist auch der, von dem wir einen Namen wissen: Robertus. Sonst nichts. Das romanische Taufbecken in S. Frediano trägt seinen Namen, man kann es zu Ende des 12. Jahrhunderts einordnen, aber es hat keine Parallelen, und die Handschrift dieses Meisters ist in keinem benachbarten Werk wiederzuerkennen. Sie ist kräftig, sie meißelt groß und klar, verständlich zu sein, war ihr Anliegen, und wie sich da den menschlichen Gestalten Gewänder umlegen, wie diese durch ein schematisch geführtes Falten- und Knittersystem zu Ornamenten werden, das möchte man nicht nur mit dem Auge sehen, sondern auch mit sensiblen Fingern nachfühlen. Vierzig, fünfzig Jahre früher mag dieses Werk entstanden sein als der Martin vor der Domfassade; es wirkt knorrig, urig im Vergleich dazu,

Taufbecken, Reliefausschnitt

das Relief ist eingeschlossen in den großen Zylinder des Taufbeckens, es kann sich nicht frei bewegen. Es ist eingebunden, aber sicher. Aus dieser Sicherheit jedoch ist der Martin schon ein kleines Stückchen herausgeritten.

Glücksgerät Handy

Ein guter Kenner Italiens hat behauptet, die Italiener seien das spielfreudigste Volk der Welt. Deshalb seien die Spaghetti so lang, deshalb mische man sie erst bei Tisch mit der Soße, deshalb wickele man sie kunstvoll über die Gabel, deshalb spiele man das Nudelspiel, das nur zugereiste Barbaren mit Hilfe eines Messers entweihen. Ein anderer Kenner antwortete auf die Frage, warum ein Neapolitaner laut singt, wenn er allein in seinem Auto sitzt: Damit er nicht so einsam ist. Fazit: Er spielt gern und ist zudem kommunikativ.

Jetzt hat die Technik endlich das richtige Instrument entwickelt, das beiden Eigenschaften gerecht wird: das Handy. Da schlendert ein Mann über die Piazza und hat eine Hand am Ohr. Der Unerfahrene meint, er kratze sich, nein, er hält ein Handy, klein, handlich, fast unsichtbar, und im Vorübergehen hört man die locker geflockten Worte »... sto camminando sulla piazza ...«

Schaut man abends in eine der Küchen, die sich dem Gast einladend und einsichtig anbieten, o ja, zwei Köche bereiten etwas Leckeres, der dritte aber telefoniert. Nimmt einer in der Bar den köstlichen kleinen Espresso – er telefoniert dabei. Nicht nur er, der Barkeeper auch. Tritt man an den einsamen Felsabsturz, um den weiten Blick über das Meer zu genießen – einer ist schon da, und der telefoniert. Die lebensnotwendige Kommunikation jederzeit in der Tasche mit sich zu führen, das ist gut. Mit drei Freunden im Restaurant zu sitzen und gleichzeitig mit drei anderen Kontakt zu haben, das ist Glück. Die Dinger funktionieren nicht immer, und das ist auch Glück. Denn nun kann man spielen. Mit Wiederholung, mit Rücknahme und Variationen und vielleicht auch mit hohem oder niederem, lauterem oder leiserem, fragendem oder bestimmendem »Pronto«. »Pronto? Pronto, dica!« »Pronto!!!«

Die vier Freundinnen, die nach dem Einkauf zum Aperitif auf der Piazza sitzen, haben nun zusätzlich das Vergnügen der Spekulation. Wer hat da angerufen, ohne durchzukommen? Die Annunziata? Die ist doch vierzehn Tage im Ausland. Die Maria? Die wollte heute ihren Pullover umtauschen. Welchen? Den Braunen von Dandolo. Der war doch von Armani! Nein, das war der mit

den kurzen Ärmeln, ich meine den mit den langen... Aber der ist nicht braun... Und den wollte sie doch nicht umtauschen... Den von Dandolo?... Nein, den mit den langen Ärmeln... Den Braunen? Der ist nicht braun... Also fragen wir sie. Das Handy. Aber Pullover-Maria ist nicht zu Hause, nur ihre Cousine. Wann kommt sie denn? Wo ist sie denn? Hat sie ihr Handy mit?
Sie soll zurückrufen. Der mit Spannung erwartete Rückruf bleibt aus, also rufen wir die Amalia an, die kennt den Pullover auch. Sie ist auch zu Hause, aber sie erinnert sich nicht, und wie geht's deiner Kleinen, wollten wir uns nicht morgen treffen? Also dann telefonieren wir noch mal.
Mit dieser Verheißung kann der neugierige Mithörer getrost das Café verlassen. Gegenüber steht ein älterer Geschäftsmann mit Aktenköfferchen, er spricht gerade die tröstliche, die Unendlichkeit einschließende Handy-Formel »... aber darüber telefonieren wir noch mal...«

FLORENZ

San Miniato

Der erste Blick von Florenz sollte einem am Abend zuteil werden, zur Stunde des Sonnenuntergangs, wenn das Licht über den Hügeln von gelb zu orange spielt, diamantklar und kühn. Wenn man dann auf einer der Arnobrücken steht und versucht, die Gebäude zu identifizieren, dann gelingt das nur noch nach den Umrissen, nach den Linien, die sich rein vor der letzten Helligkeit abzeichnen, Linien, für die der florentinische Geist, der florentinische Künstler so viel Sinn hatte. Der mit Vorsicht geführte Abschwung der Domkuppel ist unverkennbar; der hohe, von der Kranzgalerie wie von einem Stehkragen umgebene Turm des Palazzo Vecchio auch –, alles andere wird schon unsicher. Vorn vor uns natürlich der Ponte Vecchio, dessen unregelmäßige, wie Schwalbennester angeklebte Ladenlokale kaum noch zu sehen sind, dessen darüber deckender, gerader Gang vom Palazzo Vecchio zum Palazzo Pitti aber einen großen, kräftigen Querstrich zieht. Und drüben, Oltr'Arno, da könnte eine Kuppel die von S. Spirito sein und eine andere jedenfalls nicht die von S. Maria del Carmine, denn die liegt so versteckt, daß man sie auch bei Tage nie findet. Oben aber, auf halber Höhe am Hügel, da sieht man noch schwach und verheißungsvoll das Kleinod unter den florentinischen Kirchen: S. Miniato.

Dorthin sollte man sich wenden, wenn einem die Großstadt Florenz über Tage zugesetzt hat oder wenn die Kunstwerke einen überfordert haben, deren, Qualität so viel Anspruch bedeutet, daß man sich ihnen manchmal nicht mehr gewachsen fühlt. Ich meine nicht die körperliche Ermüdung, nicht das typische »Museumsgefühl«, das seinen Sitz im Kreuz hat und von dorther

Florenz mit Ponte Vecchio und Palazzo Vecchio

ausstrahlt, ich meine die Forderung, die von einer Statue Michelangelos, einem Relief Donatellos ausgeht. Man muß sich stellen, die eigene Kleinlichkeit erkennen, das Miese und Vermanschte –, tut man's, so erfährt man freilich eine wohltuende Verwandlung, etwas wie Heilung, so etwas wie eine tiefenpsychologische Behandlung ohne Honorar. Aber das kann man nicht unbegrenzt. Und dann fährt man hinauf nach S. Miniato.

Kann sein, daß man erschrocken meint, der Stadt nicht zu entfliehen, sondern eher an einen ihrer Brennpunkte zu geraten, denn da liegt die Piazzale Michelangelo mit ihrer Aussicht auf

S. Miniato

ganz Florenz, auf den Arno und die Berge und die Türme und die Brücken, unvergeßlich und entsprechend besucht. Wie viel Kinderspielzeug wird an solchen Plätzen angeboten und gekauft, es ist offenbar zum schnellen Verbrauch hergerichtet, so daß der nächste Händler auf dem nächsten Aussichtspunkt das nächste absetzen kann. Und Lokale gibt's, ein sehr feines und viele gewöhnliche, und den schönen Garten mit den Schwertlilien, der wenig bekannt ist. Da die Wappenblume von Florenz die Lilie, die Schwertlilie ist – der Dom heißt S. Maria del Fiore, Maria von der Blume, dieser Blume also – so ist die Stadt verschwistert mit allen, die Schwertlilien züchten, Gesellschaften im In- und Ausland, Gärtnern und Gärtnerinnungen, Privatleuten und Botanischen Instituten. Und alle schicken ihre besonderen Exemplare, Schwertlilienzüchtungen von phantastischer Auffälligkeit nach Florenz. In diesem Garten stehen sie beisammen. Der Ort hat keine Aussicht und bietet kein Kinderspielzeug an.

Droben aber, nur wenige Schritte über alledem, liegt S. Miniato und erinnert an den armenischen Prinzen Minias, der hier seine Einsiedelei hatte. Von hier trug er das Christentum in die Umgebung. Das kostete ihn 250 n. Chr. seinen Kopf, der Enthauptete aber, nun nicht mehr der körperlich Gegenwärtige, sondern der verwandelte befreite Geist desselben, der trug sein abgeschlagenes Haupt hierher zurück und gab damit zu verstehen, daß er hier den Tag des Jüngsten Gerichts abwarten wolle.

Vielleicht ist es deshalb so still, so erwartungsstill in der schön gelegenen Kirche, zu der man hohe Treppen hinaufsteigen muß, immer rückblickend auf die unten wohlig sich streckende Stadt und vorwärts auf eine Fassade, die das enthält, was für die florentinischen, ja weithin für die toskanischen Kirchen charakteristisch ist: die Marmorinkrustation.

Sie ist schön, grün und weiß eingelegt, der logische Sinn des Florentiners gab ihr unten rein geometrische Formen, einfache Rechtecke, er steigerte den Schmuck nach oben hin, denn oben sollte alles leichter, freier wirken; die schlichte, feste Basis trug es und erlaubte ihm, sich zu bewegen. Da sind Fabelwesen und Rosetten aus dem spröden Stein gesägt und in den negativ vorgeschnittenen, ebenso spröden Grund eingepaßt, millimetergenau, fugendicht, technisch ebenso schwierig wie selbstverständlich, formal richtig abgeschätzt und gelungen. Fünf Rundbögen, nur wenig vor der Fassade vorspringend, erscheinen wie die vom Grundschema frühchristlicher Kirchen übriggebliebene Vorhalle, sie ist hier wie in die Fassadenfläche hineingedrückt, sie wird Linie, die die Fläche belebt. Und wir wären nicht in Florenz, wenn da nicht schon von der Fassade her ein Zunftzeichen heruntergrüßen würde: Erst kommen gerechterweise als Mosaik im Giebelfeld der Heilige Minias, Maria und Christus, drüber aber, alles überragend als Giebelbekrönung der Adler auf dem Warenballen, das Zeichen der mächtigen Kaufmannszunft. Sie war verantwortlich für diesen Bau; sie hatte das Geld, sie hatte die Macht, diese Verantwortung mit anderen, teils noch reicheren Zünften zu tragen. Sich in diesem Bau zu bewahren und darzustellen, war ihr Hauptanliegen. Auch zu gefallen, war ihr wichtig; in Florenz wurden mitunter die von den Zünften zugunsten des Gemeinwesens vergebenen künstlerischen Aufträge zunächst als Holzmodelle vorgestellt. Gefiel das Modell allgemein, erfolgte die Ausführung in Stein oder edlem Metall. Was für eine Stadt, welch ein Geist in ihr!

Natürlich hatte die Kirche S. Miniato einen Vorgängerbau; ihre heutige Gestalt erhielt sie um 1200, und der kleine Betrug, den man innen zunächst nicht bemerkt – ein gelungener Betrug also – ist mehr als 100 Jahre später dazugekommen: Die Inkrustation des Innenraumes. Wenn man unter dem offenen bemalten Dachstuhl in der wohlproportionierten Kirche sitzt, die so viel Gelassenheit und Gelungenheit ausstrahlt, da meint man, die Marmorinkrustation der Fassade setze sich meisterlich auch hier an den Innenwänden fort. Erst aus nächster Nähe erkennt man: Das hier ist aufgemalt. Die grünen Streifen sind mit dem Pinsel auf den weißen Grund aufgetragen, nicht mit der Steinsäge zugeschnitten und in die Wand versenkt. Eine Schummelei von 1323. Man sah sie im Mittelalter sicher noch weniger als heute, denn damals dämpften Alabasterscheiben das auch heute nicht helle Licht. Noch unmerklicher ging damals also die plastische Säulenreihe der Mittelschiffarkaden in die Blendarkaden des Chors über – in diese wunderschöne Fortsetzung von Säule und Bogen. Im Mittelschiff kann man sie durchwandern, zwischen zwei Säulen ins Seitenschiff treten, zwischen den nächsten zurück ins Mittelschiff. Im Chor kann nur noch Auge und Hand folgen, man könnte die Bögen betasten, bestreichen, nicht aber durchschreiten. Es ist ein liebevolles Ausschwingen des architektonischen Motivs, ein Leiserwerden. Das soll mit der Auvergne zusammenhängen, mit der Schulung, welche die hiesigen Baumeister dort erfahren hatten. Auch für den so stark erhöhten Chor trifft das zu und für die darunter liegende Krypta mit ihren sieben Schiffen und ihren 36 Marmorsäulen. Hier wartet der geduldige Minias auf das endgültige Gericht.

Warum ist diese Kirche so erholsam? Es gibt genug in ihr zu sehen, genug »Wichtiges«, wie man pflichtbewußt vermerken würde: Das Mosaik in der Apsis, wiederum Christus zwischen Maria und Minias, von einem Cimabue-Schüler, nicht mehr ganz original, aber schön mit goldgehöhten Faltenbahnen und einer Vielfalt von Pflanzen und Vögeln. Oder die reliefierte Chorschranke mit den plastisch ausgearbeiteten Rosetten. Oder die Kanzel, an der dreifach übereinander geordnete Figuren das Lesepult tragen: ein Löwe mit einem Akanthusblatt zwischen den Pranken, eine menschliche Gestalt mit suggestiv aufgerissenen Augen und ein Adler. Aber all das achtenswerte Detail ist ruhig, es ordnet sich der Klarheit des Raumes ein und drängt sich nicht plastisch vor. Das alles hier sind Kunstwerke, nicht weniger als jene, die in den unerschöpflichen Museen oder den zahlreichen anderen Kirchen der Stadt stehen, aber sie fordern uns nicht ganz so rigoros, sie haben Nachsicht mit uns.

Auch die Kruzifix-Kapelle im Mittelschiff, die für ein wundertätiges Kruzifix des Giovanni Gualberti erbaut worden war, er, der als Mönch den Reformorden der Vallombrosianer gründete und in Florenz die Feuerprobe bestand. Das Kruzifix ist nicht mehr am Ort, aber das Tabernakel mit einem Gewölbe aus weißen Achtecken auf blauem Grund erinnert daran, wie auch an die Frömmigkeit Cosimo des Alten, der es stiftete. Harmonisch und ruhig ist auch die Architektur am Seitenschiff, die als Grabkapelle des Kardinals von Portugal eingerichtet wurde, Jakob von Lusitanien. Er ist hier in Florenz 1459 gestorben und ruht nun in diesem kreuzförmigen Zentralraum, unter einem von Putten getragenen Baldachin. Porphyr und Serpentin machen das alles kostbar, ebenso wie die Künstlernamen: Brüder Rossellini, Luca della Robbia, Antonio Manetti. Andernorts in Florenz

hat man sich diese Namen eingeprägt, hier grüßt man sie wie alte Bekannte, ganz unverbindlich und keineswegs offiziell.
Wenn man dann wieder ins Freie tritt, von der Sonne geblendet und wohltuend erwärmt, und die Stadt unten liegen sieht, dann hat man plötzlich unabhängig von Bewunderung und Anerkennung ein ganz persönliches Verhältnis zu ihr gewonnen.

FLORENZ

Manierismus

In jedem Bildband über Michelangelo ist sie abgebildet, in jedem Reiseführer von Florenz mit Sternchen versehen: Die Bibliothek von S. Lorenzo, Biblioteca Laurenziana, genauer genommen die Vorhalle, genauer genommen das Treppenhaus. Schon an dieser wechselnden und unpräzisen Benennung zeigt sich das Ungewöhnliche der Sache. Trotz dieser Vorwarnung speichert der geübte Reisende natürlich nur »Biblioteca Laurenziana« und geht auf die Suche. Er ist einerseits zu beneiden, denn wenn er so handelt, behält er sich unbewußt einen durchschlagenden Überraschungseindruck vor. Er ist andererseits zu bedauern, denn die Suche wird ihn an seinen intellektuellen Fähigkeiten zweifeln lassen, es sei denn, er läßt sich ganz einfach von jemand, der Bescheid weiß, hinführen. Aber auch der ist einmal zum ersten Mal dort gewesen und hat trotz unübersehbarer Hinweisschilder diesen Zweifel gefühlt, selbst wenn er ihn sich nicht eingestand. Die Kirche S. Lorenzo ist leicht zu finden. Der Naive sucht nun an dem meist mit Marktbuden verstellten Platz nach dem Gebäude, das seiner Vorstellung von Bibliothek entsprechen und sich durch einen prächtigen Eingang auszeichnen könnte. Nichts.

Neben der Kirchenfassade trägt ein langweiliges Holztor den Hinweis auf die Laurenziana. Merkwürdig. Man tritt ein und befindet sich im Kreuzgang. Noch merkwürdiger. Ein Pfeil weist geradeaus, geradewegs zum Querschiffseingang der Kirche. Man folgt ihm zögernd. Ist man besessen, so läßt man momentan den schönen Blick auf die Domkuppel beiseite, vergißt die Kirche, verweigert den Frieden des Orts und sucht weiter. Und dort, am

Westflügel des Kreuzgangs, findet man wieder ein Schild, wieder einen Pfeil, und der weist nach oben. Wieso nach oben? Wie kann man zu einer Bibliothek ins Obergeschoß eines Kreuzganges aufsteigen? Muß das nicht falsch sein? Wohin komme ich hier?
Ich komme vor eine Tür im Obergeschoß, trete ein und nun ja, wo bin ich denn nun? In einem Innenraum – klar, aber der Innenraum ist ein Außenraum, ist eine Fassade mit Treppe, ist Michelangelos berühmte Architektur vor der berühmten Bibliothek. Kein Himmel darüber, kein Platz zum Zurücktreten, ein großes Zimmer, durch Michelangelo unglaubwürdig zum Vestibül ausgestaltet. Dafür paßt keiner der gewöhnlichen Begriffe »Treppenhaus«, »Eingangsfront«, es ist alles und keines von allem, es ist ein Wagnis.
Und das setzt sich fort im Spiel mit architektonischen Elementen, mit unterbrochenen Treppenläufen, innen konvex geschweift, außen gerade, oben in einer, unten in drei Bahnen ansteigend, von einem Ansatz unterbrochen, den man von unten nicht sieht, der aber durch Voluten betont ist. Das Wagnis überrascht durch ein eigenwilliges Treppengeländer, das nur den Mittellauf der Treppe begleitet, an den Seitenläufen aber nicht wiederholt wird, dort ist einfach jede zweite Stufe rechtwinklig nach vorn gezogen und zur Begrenzung jeder ersten gemacht. Rundum liegen Blendfenster in der Wand – wohin sollten sie sieh auch öffnen? Zwischen ihnen Säulen, viel beachtet, viel erörtert, aber jedem Neuling auch unvorbereitet eine Überraschung: Paarweise stehen sie in der Wand. Sie sind in sie eingelassen, gefangen, unbeweglich, eigentlich das Gegenteil von dem, was eine Säule ist. Hier beginnt bei Michelangelo etwas, was die Kunst in den folgenden Jahrzehnten nicht nur in Florenz, sondern in ganz Europa bestimmen wird und was die Kunstgeschichte in unseren Tagen brennend interessiert: der Manierismus.
Er zeitigte noch eine andere Treppe in Florenz, eine noch »verrücktere« möchte man sagen, von Bernardo Buontalenti. Sie steigt heute vom Hauptschiff der Kirche S. Stefano zum Chorraum empor, war aber ursprünglich für die Kirche S. Trinità

Treppe zur Biblioteca Laurenziana

geschaffen. S. Stefano ist eine von vielen Kirchen in der Altstadt, wenig besucht, weil von der Straße zurückversetzt und leicht zu übersehen. Ihr Innenraum ist ein Saal mit offenem Dachstuhl, der Chorraum hochgestuft, sie ist mittelalterlich, die Ausstattung aber aus dem 17. Jahrhundert.

Wenn man eintritt, wenn man einen Augenblick verharrt und den so verschieden hohen Raum betrachtet, dann sieht man eine originelle Treppe, die beide Teile verbindet : Eine Balustrade oben, eine Kartusche mit Inschrift darunter. Rechts und links neben der so betonten Mitte ist je eine Muschelform aufgerollt. Sie entwikkelt sich aus einem Punkt, aus einer eingedrehten Schnecke und entfaltet sich von dort aufgefächert in viele einzelne, von innen nach außen geschweifte Bahnen. Das sieht aus wie Stufen, aber es können keine sein, wie sollte man auf solchen Rundungen sicher steigen können? Daneben breiten sich die einzelnen Bahnen gerade aus, daneben also muß wohl die Treppe sein, die uns nach oben führt. Erst wenn man ganz dicht davor steht, sieht man, daß weder die aufgefächerte Muschel, noch die geraden Bahnen

Hof der Uffizien

Treppenstufen sind, daß wir gezwungen sind, außen herumzugehen, uns um 90 Grad zu drehen und in dieser ganz unerwarteten Richtung, hinter dem Blendwerk in den Chor hinaufzusteigen. Die skurrile Form macht glauben, daß sie eine Funktion habe, aber dem ist nicht so. Ein extravagantes Formspiel wurde hier wichtiger als architektonische Aufrichtigkeit und Vernunft. Auch das Material der Treppe entzieht sich unserer Beurteilung, es sieht aus wie eine weiche, beinahe breiige Masse und ist doch Marmor. Sicherlich nicht jedermanns Geschmack. Und wendet man sich hier achselzuckend vom Manierismus ab, so kann man ihm doch an anderer Stelle in Florenz unmöglich entgehen, und ich unterstelle, daß man ihn diesmal akzeptiert. Auf dem Platz vor den Uffizien. Platz? Eher eine enge Gasse, die Giorgio Vasari beim Bau der Uffizien geschaffen hat.
Da stehen sich zwei Flügel von ein und demselben Bau gegen über, beide einander gleich, beide bis in jedes Detail hinein ausführlich, aber beide so dicht beieinander, daß eine Gesamtschau versagt bleibt. Sie bilden eine schmale, lange Schlucht, und sucht

man deren Ausgang nach Süden, nach der Arnoseite hin, so findet man ihn durch einen Torbogen verstellt, der in sich schön ist, mit Repliken der Michelangelo-Figuren von den Mediceer-Gräbern geschmückt, der aber den eigentlich zu erwartenden, befreienden Ausblick auf den Fluß verhindert. Und sucht man nun nach der anderen, der Stadtseite hin einen monumentalen Abschluß oder den freien Blick, so bekommt man auch hier keine klare Antwort. Da ist zwar nichts verbaut oder abgeschlossen; da tröpfelt die Gasse hinaus auf einen freien Platz, den wir zwar kennen, aber von hier aus nicht sehen. Da mündet seitwärts unübersichtlich eine Quergasse ein, und die schwere Masse des Palazzo Vecchio tritt schräg und halb nur ins Bild. Und mit ihr Michelangelos *David*, von der Seite, vorgezogen, unbetont, vorhanden aber abgewandt, reizvoll aber nicht greifbar.

Das Erstaunliche ist, daß dies alles einen unglaublichen Reiz hat. Vielleicht den der Theaterkulisse, die erst durch das Hinzutreten von Handlung vollständig wird. Diese tunnelartige Raumflucht hat eine kunstvolle perspektivische Wirkung, nichts sonst.

Das ist Manierismus.

FLORENZ

Zwei Rubenslandschaften

Wir sind gewohnt, daß uns kostbare Bilder in berühmten Galerien einzeln präsentiert werden: Ein jedes als anspruchsvolles Individuum, dem viel Freiraum und sorglichste Rücksichtnahme angemessen ist, ein jedes so, daß sein Wert erschaubar wird, seine Besonderheit wirken kann. Dem Werk steht dies zu, uns Betrachtern ebenso. Seine Schönheit wird dadurch betont, unser Zugang erleichtert.

Im Palazzo Pitti in Florenz ist das anders. Und immer wieder hört man Bedauern darüber und die Klage, daß man einen Tizian übersehen und den Andrea del Sarto nicht gefunden habe. Macht nichts, denn der Vorteil ist, daß Bilder hier nicht museal verteilt sind, sondern so, wie die fürstlichen Sammler sie verstanden, als Ausstattungsstücke, voller Stolz auf ihre Anzahl. Die Kunstgeschichte bleibt draußen, wenn man den Palazzo Pitti betritt; die Fülle, die überwältigende Fülle ergreift einen. Sie verwirrt, denn sie umfaßt auch Möbel, Vasen und Stuck, Deckengemälde, die den Sälen Namen geben statt der museal üblichen Numerierung, und vor allem: Sie zeigt sich in der wahllos scheinenden Menge an Malereien, die über- und nebeneinander die Wände bedecken, manche rücksichtslos gegen das spiegelnde Licht gehängt, manche so hoch an der Wand, daß man sie erst gewahr wird, wenn man am Deckengemälde den Namen des Saales ablesen wollte: Ilias-Saal, Saturn-Saal, Apollo-Saal…

Ein überhaupt nicht vorbereiteter Besucher müßte denken: Hübsch hier, aber die Bilder können nicht viel wert sein, wahrscheinlich gutes Mittelmaß vom 16. bis zum 18. Jahrhundert. Und dann schaut er genauer – die Rahmen sind ja alle sorgfältig beschriftet – und sieht mit Staunen: Raffael, Velázquez, Perugino, van Dyck, Murillo, Veronese, Tizian; er sieht, wenn er das Glück hat, einen guten Standpunkt zu finden, daß das nicht nur große Namen, sondern unter diesen Namen auch Meisterwerke sind, und wir unterstellen, daß er aus dem Staunen nicht herauskommt. Genau das ist es, was die fürstlichen Sammler beabsichtigten. Sicher, sie hatten Verständnis für Kunst, sie begeisterten sich wie wir an der zarten Innigkeit der Raffaelschen Madonnen oder am breiten Pinselstrich, mit dem Tizian das Taftgewand Pietro Aretinos nervös belebte. Aber die Freude des Sammlers war – damals wie heute – auch die Freude am Besitz; je höher das Kunstwerk, um so stärker der Stolz, um so größer die Freude. Daß man das heute noch originaliter im Palazzo Pitti erleben kann, das macht den Wert gerade dieser Repräsentation aus. Sie ist selten bewahrt, und deshalb sollte man die Schwierigkeit hinnehmen, ein bestimmtes Bild suchen oder erkennen zu können. Wenn möglich, sollte man öfter kommen, bis sich die Raumfolge geklärt, die Höhepunkte eingeprägt haben.

Dann hat man vielleicht Muße, zwei Bilder zu betrachten, die in dieser, durch Namen wie Raffael und Tizian berühmten Sammlung etwas am Rande laufen und vielleicht auch, als sie erworben wurden, mehr den Charakter der Kuriosität als des Kunstwerks hatten. Immerhin sind sie gemalt von einem, der allezeit als Künstler zuhöchst anerkannt war: Von Peter Paul Rubens.

Landschaften – und es handelt sich um solche – hat er erst spät in seinem Leben zu malen begonnen, vielleicht erst, nachdem ihm der Aufenthalt auf dem eigenen Landsitz mehr und mehr Gelegenheit zu ihrer Beobachtung gab. Dann aber entstanden von diesem Berserker der Malerei, von diesem besessenen Arbeiter, dem Beherrscher des großen Formats nicht weniger als fünfzig Landschaften. Nicht etwa nur so hingemalt von einem, der Auge und Hand in einem schaffensreichen Leben geschult hatte, der nur auszuholen brauchte und niederzuschreiben, was ihn beeindruckte. Nein, für beide im Pitti hängenden Landsehaften gibt es Vorzeichnungen: Eine für den herrlichen Leiterwagen auf der

»Heimkehr vom Felde« in Kreide, eine andere in Kreide und Pastell für die gefällten Baumstümpfe auf der Landschaft mit »Odysseus und Nausikaa«. Sorgfältiges Studium also, Vorbereitung für ein Gemälde, in dem sich das Temperament des großen Barockmalers ebenso spiegelt wie seine Liebe zur Landschaft, speziell zur heimatlichen.

Denn die »Heimkehr vom Felde« ist in den Niederlanden zu denken, wo ein tiefer Horizont den Himmel groß macht. Rubens belebt ihn mit Wolkenbändern, die diagonal in die Tiefe ziehen, goldgelb beglänzt, graublau verdichtet, und als sei damit noch nicht genug Bewegung im Himmel, spielen Vögel darin, wahrscheinlich Gabelweihen. Wieviel Bewegung aber erst an der Erde, wieviel Farbe, Richtung, Handlung und Geschehen! Da zieht unser Leiterwagen auf viel benütztem Weg schräg bildeinwärts, der Kutscher hebt die Peitsche und ruft zu den hübschen Mädchen, den Mägden herüber. Charaktervoller als er, ein Lebewesen mit Eigensinn und Eigenschicksal scheint der Wagen, ächzend und arbeitsalltäglich, ausgebaucht und breit, beweglich und witzig –, ein Ding voller Dynamik, voll berstenden Lebens. Vor ihm her flieht die Schafherde, der Hund treibt sie an; vorn hat sie schon den Steg erreicht und das volle abendliche Licht, das dort die fülligen Brauntöne mit kühlem Grün überglänzt. Links weiden Pferde, zwei liebkosen sich, ein Fohlen trinkt, Heuschober fangen Farben ein, ein Rostrot ist darunter, verkleinert, weit hinten wieder Leiterwagen und Leute, die noch an der Arbeit sind, Baumgruppen und am Horizont, nur noch zu ahnen, eine Stadt im Flachland, ihr Kirchturm verraucht in den Wolken. Das ist kein idyllisch stiller Abend, da ist Bewegung und Lärm: Der Hund bellt, einige Schafe blöken, der Leiterwagen rasselt, der Reiter ruft, ein Mann mit ausgestrecktem richtungweisenden Arm sagt etwas zu den Mägden, und sie, die fünf Mägde im Vordergrund, nach rechts gewandt, mit der Last von Heu und Kürbissen auf dem Kopf, mit Rechen und Heugabel in den Händen, soll man etwa glauben, daß sie still wären? Schöne Arbeitskleider hat Rubens ihnen gegeben, rote Bluse zu blauer

Schürze, schwarzes Mieder über weißem Hemd, rot und braun, braun und ocker, und all das schwingt im schnellen Schritt und hat Kurven und Falten und tänzerische Bewegung. Sie gehen wie Königinnen, diese Mägde, einige barfuß, einige in Holzschuhen, aufgerichtet und fast elegant, kein Wunder, daß die beiden Männergestalten des Bildes auf sie bezogen sind.

Und dann, über der Mädchengruppe, fängt sich Rubens' unbändiges Temperament in einer Baumgruppe um einen kleinen Teich oder einen verbreiterten Bach. Der Zugang zum Wasserspiegel verrät, daß das Vieh hier zu Tränke kommt. Die Bäume, rötlich braune Kuppeln, lichtdurchleuchtetes Hellgrün, einzelne Blätter durch aufgesetzte Glanzlichter blitzend, sie spiegeln sich in der ruhigen Wasserfläche, sie werfen Schatten auf die durchfurchte Erde, sie ruhen auf dem steilen, etwas ausgewaschenen Ufer. Wenn irgendwo auf diesem Bilde, dann hat hier der Abend seinen Ausdruck gefunden; tonige, warme Farben schließen sich zu einem Ganzen zusammen, das Wasser ist Erquickung nicht nur für das sonst hier trinkende Vieh, sondern auch für unser durstiges Auge, das durch Rubens' Erzählfreude nur immer durstiger geworden ist.

Goethe kannte das Bild, er besaß einen Stich davon, und er beobachtete kritisch, daß zwei widersprüchliche Lichtquellen in ihm seien. Eine von links, die die Schatten der schönen Mädchen nach schräg rechts wirft, die andere von rechts, wo ein uns nicht sichtbarer Sonnenuntergang hinter den Stämmen zittert und die Wasserfläche verklärt. Diese Freiheit nimmt dem Bilde nichts von seiner Wahrscheinlich –, nichts von seiner Wirklichkeit, aber sie erhöht seine Schönheit. Die vitale Bewegung in ihm stört nicht die zarte Stimmung, das Viele ordnet sich ein in einen beglükkend weiten, freien Raum. Man atmet auf.

Die Geschichte von Odysseus und Nausikaa kann nicht in heimatlicher Landschaft spielen; so senkt sich der Horizont auch nur da, wo ein südliches Meer blau und fern in den Hintergrund tritt. Vorn erheben sich Berge, Felsen mit schroffen Abstürzen, rauschenden Wasserfällen, Viadukten, und klettern rechts bis in die höchste Bildecke hinauf. Man weiß nicht: Wollte Rubens diese herrliche, dramatische Landschaft unter dem eben abgezogenen Sturm malen und fügte ihr spielerisch die homerischen Gestalten ein, oder sah er tatsächlich die griechische Sage so klein, so eingefügt als Teil einer großen Kulisse? War dies für ihn die Begegnung auf der Phäakeninsel, der Gegenstand seiner Malerei, oder war sie nur Staffage dafür?

Nausikaa, begleitet von der Amme und drei Mägden, ist mit rotem Gewand und Rubensschem Dekolleté dem Odysseus zugewandt, der sich nackt in einem rot blühenden Busch birgt und eher dem Herakles gleicht als dem listenreichen Abenteurer. Zwei Maultiere hinter ihm blicken zum Wagen, an dem zwei weitere Mägde beschäftigt sind, dort auch ruhen die umgestürzten, fabelhaften Baumstämme. In der Tiefe der ansteigenden Berglandschaft liegt märchenhaft groß, durch Felsenstufen zugänglich, das Schloß des Königs, Nausikaas Heim. Ein Barockschloß, begleitet bis weit in die fernen Höhen hin von Dependancen. Der Himmel, an dem wir den schrecklichen Sturm nur noch ahnen, ist aufgerissen und zeigt wie in einer Barockkirche ein lichtes Deckengemälde: Athena bittet vor Zeus für den schiffbrüchigen Odysseus. Noch stürzt Regen aus den abziehenden Wolken; noch trifft er die Stadt, die sich am Meer ausbreitet; noch greift er ein in die blaue Ruhe mit Rosa und Gelb. Der Horizont ist still, Stille liegt über den abwechslungsreichen Formen des Gebirges, die Bewegung steigert sich erst wieder zum Vordergrund hin, in dem die rauschenden Wasser den gleichen Wert haben wie die menschlichen Gestalten. Dramatisch groß, mit den Augen dessen erfaßt, der alles sieht und es groß gestalten kann – das ist die Landschaft mit Odysseus und Nausikaa. Dunkler und kontrastreicher als die Heimkehr vom Felde, wirkt sie im ersten Augenblick stärker. Doch was ihr fehlt, hat die andere: Die behutsame Liebe des Malers Peter Paul Rubens.

Immer »in gamba«

Wer eingesteht, daß er den Italiener bewundert, erhält wahrscheinlich ein Feuerwerk aus Protest.
... diese Unzuverlässigkeit ...
... mir haben sie das Auto gestohlen ...
... keiner ist pünktlich ...
... undiszipliniert und laut ...
... aufdringlich gegenüber allem Weiblichen ...
... immer bereit, einen über's Ohr zu hauen ...
... und überhaupt: 45 Regierungen in 38 Jahren ...
Oder, wenn die Reaktion weniger emotional, also weniger italienisch ist:
... der Grieche ist so viel gastfreundlicher ...
... der Spanier viel stolzer ...
oder: ... der Franzose hat Lebensart ...
oder: ... der Engländer weiß sich zu beherrschen ...
Ich will das nicht gegeneinander aufrechnen. Ich will nur eines am Italiener aufrichtig bewundern: Er ist nicht besonders standfest, aber er kann stehen. In der Bar, auf der Straße, auf der Piazza, vorm Zeitungskiosk, auf dem Bahnhof, an der Omnibushaltestelle – nirgends eine Bank. Manchmal wundre ich mich, daß die Alitalia ihre Flugzeuge mit Sitzplätzen bestückt. Aber schon auf den Flughäfen setzt sich die italienische Note entschieden durch: Die wenigen Bänke im Vorraum sind ausschließlich zum Abstellen der Gepäckstücke da. Im römischen Stadtbus: Das Gedränge ist so, daß der Atemrhythmus aller aufeinander abgestimmt werden muß – aber Sitzplätze sind noch frei. Man kann sie nur nicht erreichen, denn es gibt nur zwei mögliche Bewegungen: raus oder rein.
Die neue U-Bahn – keine Hauptstadt der Welt hat eine so spezifische: Jeder Wagen ein Tanzplatz, eine Tenne zum Dreschen,

eine Halle ohne Pfeiler, zum Stehen. Zum Sitzen gibt's nur vier verlegen versteckte Plastikschalen am Rand, und die werden nicht benutzt. Warum sollte man sitzen wollen, wenn doch genug Platz zum Stehen da ist?

Nur der kulturermüdete Tourist sucht sich niederzulassen: Auf dem Rand einer Blumenrabatte, auf den Rathausstufen, auf einer Säulenbasis – und da wird er wahrscheinlich sogar vertrieben –, schließlich auf dem einzigen wackligen Stuhl in einer Bar, wo er den Kaffee teurer zahlt als am Tresen. Er bezahlt angeblich den Service, in Wahrheit seine Anomalie, denn wer um alles in der Welt will schon seinen Espresso im Sitzen genießen? Nicht mal die hochhackige italienische Dame; und bei ihr werde ich den Verdacht nicht los, daß sie steht, weil sie weiß, daß sie stehend am hübschesten ist. Was bleibt von der Figur, wenn sie – plomp – auf einem Stuhl zusammensinkt? Was vom Ensemble Pumps – Strumpf – Bluse, unterbrochen vom andersfarbigen Rock, wenn das alles mit übergeschlagenem Bein durcheinanderläuft? Wo bleibt selbst die zarteste Taille, wenn sie nicht gestreckt wird? Die Italienerin steht, und sie steht das durch.

Man kann sich den Witz des Engländers wünschen, die Sprachbegabung des Ungarn, den Charme des Wieners – vom Italiener wünsch' ich mir eines: Seine Füße.

Siena

SIENA

Gutes und schlechtes Regiment

Das Böse läßt sich besser darstellen als das Gute. Den Mephisto zu spielen, ist allemal ergiebiger als den Faust. Für Journalisten gilt die Regel: Eine gute Nachricht ist keine Nachricht. Den Himmel zu malen, nur sanfte Engel und das Lächeln der Seligen, ist öde, die Hölle dagegen, da ist was los mit Feuerbränden und Spiegelungen im Sumpf, mit Schauergestalten, die der Phantasie jeden Spielraum lassen, mit Hell und Dunkel und allen Farben, die die Malerpalette hergibt. Beim Himmel sind der Phantasie Grenzen gesetzt, in der Hölle darf sie sich austoben. Darin liegt es wohl, daß das Böse für den Künstler reizvoller ist als das Gute.

Aber in Siena gibt es eine Ausnahme von dieser Regel. Im Palazzo Pubblico im ersten Stock im Saal des Rates der Neun, da stehen Gemälde auf den Wänden, die die Wirkungen des Guten Regiments und die Folgen des Schlechten erzählen, und wahrhaftig, hier ist das Gute besser. Nicht nur weil dieses Bild besser erhalten ist als das stark beschädigte an der Wand gegenüber, es ist besser in der Qualität, besser in der Raumaufteilung, liebevoller behandelt, die Phantasie des Künstlers Ambrogio Lorenzetti fühlte sich herzlicher aufgerufen, alles Gute zu erzählen, als angeregt, das Böse auszuspinnen. Wie dankbar sollten wir ihm sein, wie dankbar auch dem Zahn der Zeit, der über mehr als 600 Jahre hin am Bösen nagte und uns das Gute gut überlieferte.

In großem Wurf zweiteilt Ambrogio die Fläche, schildert das freie, weite Land auf der einen Seite, die schöne Toskana mit ihren Hügeln und Feldern; schildert den Händler, der mit dem Ferkel zum nächsten Viehmarkt zieht und die vornehme Jagdgesellschaft, die eben zu Pferde aus der Stadt ins Freie strebt. Die Stadtmauer, vor- und rückspringend mit bewehrten Toren, trennt die Landschaft von der Stadt, und es ist schlechthin unmöglich, daß Ambrogio diese Stadt nicht geliebt hätte, die er da mit so köstlichen Einzelheiten ausmalt. Er muß das Leben in ihr geliebt haben, den Arbeitstag, den Alltag, die Geschäftigkeit und das Handwerk, das Gelächter und den Schweiß. Natürlich ist diese

Ambrogio Lorenzetti: Das gute Regiment

Stadt Siena, auf sie beziehen sich gutes und böses Regiment, in ihrem Rathaus sollten die Verantwortlichen das Gleichnis vor Augen haben. Man glaubt, in diesem erzählerisch gestalteten Fresko einige Bauwerke aus dem heutigen Stadtbild wiederzuerkennen.

Da gibt es gotische Bögen und Balkone, geschlossene Holzläden und offene, im Fensterbrett steht ein roter Krug, die gewölbten Ziegel der Dächer sind noch wie heute. Dachdecker arbeiten daran, Eisenstreben tragen vorkragende Schutzmauern. In den Straßen wird gehandelt und transportiert, beladene Pferde zie-

hen durch ein Tor stadteinwärts, in der Schule wird unterrichtet, beim Weber verkauft und vor dem offenen Ladenlokal am Webstuhl gearbeitet. Frauen tragen Körbe auf dem Kopf, eine Gans im Arm, Gemüse ist ausgestellt, Fässer werden gerollt. Für die meisten, vielleicht auch für den Maler, war der Mädchenreigen das schönste. Mitten auf der Straße in lieblichem Nichtstun, mitten im Alltag, der so wunderbar abläuft, mitten im Frieden, der durch nichts gestört wird, tanzen die Mädchen ihren Reigen – Idylle. Das Motiv ist wunderhübsch, besser ließe sich der Segen eines guten Regiments nicht ausdrücken, und doch: Für mich steckt mehr Liebe, mehr Anteilnahme, mehr Glück in der Alltagsarbeit, die uns so ausführlich geschildert wird. Tanzende Mädchen zu mögen, das ist leicht. Die Güte des Lebens im verschrumpelten Alten zu entdecken, der seine Fässer säubert, dazu gehört mehr. Die Mühsal all dessen, was wir täglich tun, zu loben – das nenne ich weise.
Das Bild ist erzieherisch. Seine Lehre noch im Kopf, gefiel mir plötzlich im eigenen Alltag das Gedränge derjenigen, die Zigaretten rauchend, Kaugummi kauend – ich hasse Kaugummi – zur Arbeit strebten. Es rührte mich der winzige Umstand, daß jedesmal, wenn der Fahrer des städtischen Omnibusses von einem anderen abgelöst wurde, diese beiden launische Witze miteinander tauschten oder über irgendeinen Umstand verständnisvoll miteinander nickten. Ich sah das Kind besser, das laut jubelnd vor der Mutter hersprang, im Glauben, diese wäre unfähig, es einzuholen. Und ich entwickelte mehr Geduld in der Schlange vor dem Postschalter, denn alle diese vor mir hatten wie ich zu tun und waren wie ich geschäftig und bewältigten wie ich ihren Alltag. Daß das nicht etwas Langweiliges, sondern etwas Gutes ist, merkt man wohl erst in dem Augenblick, da man es nicht mehr kann. Das würde also in Siena dem Bild, »Schlechtes Regiment« entsprechen, wo sich vor eingestürzten Palästen in trüben Farben und mitten im Winter Mord- und Räuberszenen abspielen. Natürlich ist auch dieses Bild aus Ambrogios geübtem Pinsel gut –, aber es scheint, als hätte es ihm weniger Spaß gemacht.

Das gute Regiment (Ausschnitt)

Und auf der Schmalwand schließlich, wo der gute und der böse Regent symbolisch thronen, – der Gute natürlich trägt die Farben des Sieneser Stadtwappens, der böse ist ein schielendes Ungeheuer mit Hauern und Schuppen –, da ist zwar auch manches Detail überzeugend schön, die Gestalt des Friedens z. B., der Pax, die sich ganz locker mit ihrem Ölzweig in die Sitzbank zurücklehnt, entspannt und »friedlich«. Aber insgesamt ist da so viel diktierte Bedeutung, daß die Darstellung nicht lebendig werden konnte. Die 24 Räte der Republik, die Klugheit und die Eintracht, die Gerechtigkeit mit dem Hobel im Schoß, denn vor ihr sind alle Bürger gleich, weltliche und geistliche Tugenden als sitzende und fliegende Gestalten getrennt. Und beim schlechten Herrscher, dem mit den Hauerzähnen, die bösen Eigenschaften: Grausamkeit, Verrat, Zorn, Hochmut, Geiz und Eitelkeit und zu Füßen alles dessen die Gerechtigkeit, die verhöhnt wird. Das ist ausgedacht, bedeutungsgeladen und darum unlebendig geblieben.

Bedeutung hat auch das herrliche Bild unter der Sommersonne, das Bild friedlicher Arbeit. Aber es wendet sich nicht an unseren Kopf, es geht unmerklich in uns ein und macht uns besser.

SIENA

Donatello im Baptisterium

Wo gäbe es ein so originell gelegenes Baptisterium wie in Siena? Aus Florenz, aus Pisa, aus vielen anderen Orten der Toskana sind wir gewohnt, das Baptisterium als eigenständiges Rund oder Vieleck gegenüber der Domfassade zu finden, eine christliche via sacra führt dort von einem Bau zum anderen. In Siena steigt man außen neben dem Dom eine Treppe hinab, an der Seite des vollendeten Domes, an der die grandiose Bauruine einer nie vollendeten, gigantisch geplanten Erweiterung liegen blieb. Das war im 14. Jahrhundert und ist heute so integriert, daß man sich kaum Gedanken über Zweck und Richtung der Ruine macht.

Am Fuß der Treppe – wie alles in Siena ist sie schön, schräg geführt, nirgends langweilig und sehr steil – am Fuß der Treppe schwenkt man dann mit kühner Drehung ein und kriecht dem Dom sozusagen unter seinen Chor. Das Bild könnte fälschlich verführen, sich das Baptisterium klein, seinen Eingang niedrig vorzustellen, im Gegenteil, es hat eine imponierende Fassade, ist innen dreischiffig, geräumig und voll ausgemalt. Das Hineinkriechen stimmt nur im Hinblick auf die Lage, man tritt eben wirklich genau unter den Chor des Domes und findet den Raum dort überraschend weit. Obwohl nicht rund, konzentriert er sich auf einen Mittelpunkt, das Taufbecken, das nicht nur für die hier vollzogene Zeremonie, für das Sakrament der Taufe wichtig war, sondern das auch als Kunstwerk alle Aufmerksamkeit auf sich zieht.

Denn es ruht und steigt zugleich. Fest liegt das Sechseck des Brunnens auf flachen Stufen, schlank steigt ein Pfeiler aus ihm empor, sicher ruht auf ihm ein Hostienschrein und fest schließt ihn eine kleine Kuppel ab. Aus ihr aber, als sei das Motiv des schlanken Steigens noch nicht erschöpft, erhebt sich abermals ein Pfeiler, verbreitert sich zur kleinen Fläche, zieht sich wieder zum Pfeiler zusammen und trägt endlich die bekrönende Statue des heiligen Johannis des Täufers. Seine Geschichte wird auf den sechs Bronzereliefs geschildert, die das untere Sechseck umgeben.

Und da staunt man bei der näheren Betrachtung über die Qualität, die selbst der handwerkliche Durchschnitt im 15. Jahrhundert hervorbrachte. Denn die einheimische Familie der Turini ist sonst kaum bekannt, sie lieferte hier die Felder mit der Geburt des Johannis und seiner Predigt und behauptet sich damit gut unter den größeren Namen. Jacopo della Quercia, schon mehr bekannt, in Siena sogar hochberühmt, hat nur ein einziges Bronzerelief gefertigt, vielleicht weil ihm, dem Steinmetz, das unbekannte Material nicht lag, sicher auch, weil er von Siena weg nach Bologna gerufen wurde. Und so kamen denn die großen Florentiner zum Zuge: Lorenzo Ghiberti und Donatello.

Ghiberti schildert die Taufe Christi an der dem Eintretenden zugewandten, der wichtigsten Seite des Taufbeckens, und seltsam isoliert steht Christus da mitten im Bild. War es Ghibertis Absicht, eine solche Aura um ihn zu legen, war es seine Absicht, den Bronzegrund unbearbeitet wirken zu lassen? Welch eine »modern« anmutende Idee.

Wie ein drohender, alttestamentarischer Prophet steht Johannis auf der anschließenden Reliefplatte vor Herodes – Ghiberti hatte dafür einen Mitarbeiter – dann folgt die Tafel, über der man alle anderen vergessen könnte: Donatellos Tanz der Salome.

Daß Donatellos Können von zeitloser Breite ist, das hat man wohl in Florenz schon erfahren, wo die schonungslos expressive Magdalena im Dom-Museum kaum zu vereinen ist mit der anmutigen, auch im Material kostbar liebenswürdigen Verkündigung in der Kirche S. Croce. Wo Porträtköpfe so zupacken, daß man sich ihnen zu entziehen sucht und wo freche Kinderstatu-

Donatello: Salome

etten so realistisch spielen, daß sich einem das Wort »kloppen« aufdrängt, obwohl Donatello mit Zille gar nichts gemein hat. Er ist nicht ordinär.

Aber er ist »modern«. Rechts drängeln, knäulen sich die Figuren zusammen, die Grazie der Salome ist kaum von der dichten Menge gelöst. Links blättert sich eine Szene von drei Figuren auf, eine jede frei gesetzt von allen übrigen: Der Henker, der knieend des Johannis abgeschlagenes Haupt präsentiert, er ist fast vollplastisch, sehr gewichtig gearbeitet, weil uns räumlich am nächsten. An der Schmalseite des Tisches Herodes, beide Hände mit gespreizten Fingern aufgehoben, zurückgelehnt, entsetzt, betroffen und voll Furcht, und rechts von ihm, flach schon in die Fläche hineingenommen, denn sie sitzt weiter zurück, Herodias. Sie beugt sich dem Herodes zu, ihr ausgestreckter rechter Arm mit der nach oben gekehrten Handfläche, ihr böses Gesicht, das alles scheint den schwachen König zusätzlich zu bedrängen, viel tiefer, viel heftiger als die Umwelt wahrnimmt. Links neben Herodias sitzt, ebenfalls flach herausgearbeitet, eine Person, die vor Entsetzen die Hand vors Gesicht schlägt. Sie wendet sich ebenso energisch und heftig von der Szene weg, wie Herodias sich ihr zu, und durch dieses Auseinanderstreben, dies bis in die Füße hinein deutlich gemachte Hin- und Ausweichen, entsteht in der Mitte eine Leere, die fasziniert. Die figurenreiche Gruppe auf der einen, die in drei Einzelpersonen aufgelöste auf der anderen Seite – das wiegt beides schwer und ist nicht miteinander verbunden. In der Mitte der Szene ist nur Tisch, stummer, fühlloser, mit Speisen nur ganz spärlich besetzter Tisch. Ja, die wenigen Objekte auf ihm konzentrieren sich an der Seite, wo auch die vielen Figuren eine unauflösliche Gruppe bilden – da, gerade da, wo unser Blick die Mitte sucht, da ist nichts. Rechts und links von der leeren Mitte ist Bewegung, körperlich dicht auf der einen, seelisch dramatisch auf der anderen Seite. Diese Mitte, dies Nichts bekommt dadurch den Wert einer Synkope, einer Betonung ohne Mittel. Es ist, als sei hier in dieser Mitte eine Explosion erfolgt und habe den Herodes nach der einen, die Salome-Gruppe nach der anderen Seite geschleudert, die leere Mitte dieser erfolgten Explosion bewirkte das Äußerste. Die Entfernung scheint dadurch gewachsen –, ein langer Tisch, was ist das schon? Und doch ist er hier eine Welt, von einem Ende zum anderen gibt es keine Verbindung und kein Verständnis. In der Mitte ist Nichts, und das Nichts ist unüberwindbar.

Wie viel Vehemenz, wie viel Dynamik verstand Donatello dieser Szene zu geben; die Mittel, die er dabei anwandte, erscheinen modern. Kein Expressionist hätte das besser gemacht. Gesteigert wird die Wirkung dadurch, daß die Szene vor einer Sockelmauer wie vor einer schmalen Bühne spielt. Dahinter erst lassen offene Bögen den Blick in die Tiefe dringen, in die nächsten Gemächer,

Donatello: Spes

in denen der Musiker geigt, als wäre nichts geschehen, als müsse die »Show weitergehen«. Hier freilich, unter dem Bogenmotiv im ganz flachen, fast nur noch zeichnerischen Relief zeigt sich Donatello als der Künstler seiner Zeit. Er beherrscht die Regeln der Perspektive und zeigt das. Er erzählt unaufdringlich, fast gelassen. Sieht man sie in Verbindung mit den beiden Gestalten der Tugenden *Spes* und *Fides* – sie stehen in den Nischen zwischen den erzählenden Bronzeplatten – oder im Vergleich mit den tanzenden und musizierenden Putten am Fußrand der Kuppel, dann wird die Spannung in Donatellos Werk deutlich. Expressiv ist sein Salome-Relief, harmonisch und ausgeglichen erscheinen die Tugenden, kindlich vital bewegen sich die Putten. Ein Höchstmaß an Beobachtung verleiht ihren Gesten Wahrscheinlichkeit, ihre nackten Füße finden auf gewölbten Muscheln Halt, ihr Tanz hat die Grazie der Jugend und auch deren Selbstbewußtsein. Eine vermessene Bemerkung drängt sich auf: Donatello als Vorläufer Michelangelos übertraf diesen selbst an Vielseitigkeit.

CORTONA

Museen mit Muße

Ihren besonderen Charme verdankt die Stadt einmal ihrer Lage: Hoch über der weiten Ebene, die zwar schon zur Toskana gehört, aber umbrisch wirkt, weil ein weißlich-klares Licht den Horizont zeichnet, fast irreal und unstofflich, so wie es die umbrischen Maler – Perugino, Raffael – mit beseeltem Pinsel gemalt haben.

Der weitere Reiz liegt sodann in der Unberührtheit, die nicht dörflich oder zurückgeblieben wirkt, nicht unzufrieden oder verloren, sondern durchaus selbstbewußt und normal. In keiner Bar, in keinem Laden ist irgendeine Rücksicht auf Fremde ausgesprochen, daß man sie dennoch freundlich achtet, ist wie die zugehörige andere Seite derselben Sache: sie sind hier keine Bedrohung.

Daß aber einige kommen, versteht jeder Einheimische, denn jeder weiß, daß seine Heimatstadt zwei kleine, aber bedeutende Museen hat.

Und dies in der Tat ist der dritte große Reiz Cortonas: Überschaubare Sammlungen, in denen es ganz bestimmte, sonst nicht vergleichbare Objekte zu sehen gibt. Da Signorelli hier geboren wurde, zeigt das Dom-Museum Bilder von ihm, klar. Aber Signorelli können wir andernorts aufrichtiger bewundern. Eine Verkündigung von Fra Angelico fesselt momentan durch ihre wohlbekannte Innigkeit und Stille. Sie ist gerade erst restauriert worden und scheint unseren museal ausgerichteten Augen eher zu hell, zu blank, zu frisch. Aber natürlich wollte der Maler das Purpur des Engelskleides wirklich purpurn haben und die juwelenhaft feinen Goldborten seiner Zierbänder wirklich glänzend;

Etruskischer Bronzeleuchter

die Pflanzen des »hortus conclusus« grün, wie in der Natur und die zarte Madonna blaß, aber mit der Röte einer plötzlichen Erregung auf den Wangen. Auch Fra Angelico ist andernorts ebensogut zu sehen – indes: Wie muß man sich drängeln, stoßen und unterordnen, wenn man etwa seine am Ort erhaltenen Bilder im Kloster S. Marco in Florenz betrachten will, zur Hauptreisezeit vielleicht, wenn die Stadt sich schüttelt vor unserem Ansturm? Hier stehen wir still und allein, der Domplatz vor dem Museum ist autofrei, die junge Frau, die uns die Eintrittskarten verkauft hat, malt mit ihrem noch nicht schulpflichtigen Bambino Männchen auf ein Blatt Papier. Sie wird uns nicht hetzen, sie freut sich unserer Gelassenheit.

Auch der römische Sarkophag mit dem Zentaurenkampf mag als Kunstwerk nicht einmalig sein. Aber es ist hübsch, daß er hier im gleichen Raum mit Fra Angelico atmet und nicht zur musealen Sterilität gezwungen ist: 1. Griechische Originale, 2. Römische Kopien, 3. Mittelalter... Riesige Sammlungen müssen so einteilen, hier aber ist menschliches Miteinander und gemütliches Beisammensein. Und natürlich: Wer Vasari gelesen hat, für den ist der Sarkophag doch einmalig, denn Vasari beschreibt, daß Brunelleschi durch Cortona kam, ihn sah und zeichnete, die Zeichnungen dann zu Hause in Florenz Donatello zeigte und dieser ganz begeistert war. Wie schön, wenn man die Hand auf die Pferdeleiber der Zentauren legt – und das darf man hier – und über Jahrhunderte hinweg Brunelleschis Interesse und Donatellos Begeisterung fühlt. Wo könnte man das sonst?

Das wirklich einmalige Kunstwerk Cortonas aber hängt in einem anderen, dem etruskischen Museum, der Accademia Etrusca, zu der man zwei Höfe überqueren und eine steile, unbequeme Treppe aufsteigen muß. Muße und Stille auch hier, obgleich es eher geschehen kann, daß andere Besucher kommen und dieses eine, in aller Welt einmalige Objekt suchen: Den etruskischen Bronzeleuchter aus dem 5. vorchristlichen Jahrhundert.

Es gibt viele andere etruskische Bronzearbeiten von hoher Qualität. Den »lampadario« gibt es nur einmal. Er hängt an sich verjüngendem Aufhänger von der Decke herab, so wie er's an seinem ursprünglichen Ort, einem Tempel oder dem Vorraum eines Grabes, getan hat, und man ist freudig erstaunt, wie gut die Plazierung in einem kleinen Provinzmuseum gelungen ist. Ringsum von einem modernen Glas mit Diebstahlsicherung umgeben, kann man doch unter seine reich verzierte Unterseite treten und die Szenen ablesen, die sich Kreis um Kreis um das Mittelbild der Gorgo entfalten. Schlangen und kämpfende Tiere, dann abstrakte Wellen und Delphine – und hier möchte man doch eher an die Aufhängung in einem Grabe denken, da im etruskischen Totenkult die Reise über das Meer in ein wortgetreu gebrauchtes »Jen-seits« eine so große Rolle spielte. Noch weiter außen abwechselnd Silene, die die Syrinx blasen, und Sirenen in plissierten Kleidern. Und ganz außen schweben, mit Palmetten geziert, die 16 Ölnäpfchen und halten zwischen sich 16 gehörnte Köpfe des Acheloos, des Vaters der Stromgötter, dessen merkwürdige Zweideutigkeit als Mensch mit Stierkopf oder als Drachengestalt

Etruskischer Bronzeleuchter (Unteransicht)

die Etrusker bewogen hat, ihn aus der griechischen in ihre Welt herüberzuziehen und ihn als goldenen Anhänger an Ketten, als plastische Zier aus Ton oder wie hier als Bronzerelief darzustellen. Die alte, patinierte Bronze verstärkt den Reiz der bildlichen Darstellung. Sie ist ernst, der »Nachtseite zugewandt«, ist einmal gesagt worden. Und doch fehlt auch an ihr nicht der Humor, der sich so oft und oft so unwiderstehlich in etruskischen Werken niederschlägt. Wie anstößig hocken die Silenen! Und die Sirenen sind geflügelt und haben ihre Vogelschwänze auf gefächert. Wie mag das alles anzuschauen gewesen sein, als in dunkler Nacht die 16 Ölnäpfchen leuchteten? Und welch ein technisches Können entfaltete da ein Bronzekünstler im 5. vorchristlichen Jahrhundert, als er das über einen Zentner schwere Werk in einem Stück in verlorener Form goß!

Man könnte Cortona verlassen, wenn man den Leuchter gesehen hat, aber man kann noch mehr entdecken: Im gleichen Museum z. B. einen Raum mit Werken des italienischen Futuristen Gino Severini, und draußen dann, an ansteigender Straße, die Kreuzwegstationen, die er dort 1947 in Mosaik setzte. Ganz gegenständlich gestaltete er sie, nur wenn man Ausschnitte wählt, entdeckt man den ehemaligen Futuristen wieder, der Bewegungen in Phasen zerlegte und festhielt.

Oder im gleichen Museum mit dem Bronzeleuchter einen manieristischen Maler namens Comodi, fast unbekannt, aber merkwürdig modern. Bleich und kühl und manieriert bewußt malt er das Wunder des heiligen Benedikt, und nur wer die um den Manierismus kreisende Medici-Ausstellung in Florenz gesehen hat, erinnert sich an sein »Jüngstes Gericht«, das so viele jugendliche Besucher anzog durch seine Modernität. Museen, in denen so Verschiedenes unbekümmert vereint ist, sind selten. Städte wie Cortona sind es auch. Und in jeder Bar ist der Espresso vorzüglich.

Perugia

PERUGIA

Das Oratorium des heiligen Bernhard

Es braucht doppelte Charakterstärke, um in Perugia bis an das Oratorium des heiligen Bernhard vorzudringen. Einmal eine ganz oberflächliche, alltägliche, denn überall auf dem Weg füllen Konditorwaren von verlockendem Aussehen und erprobter Qualität die Schaufenster. Perugia, die Heimat der Perugino-Schokolade, hat einen Ruf für diese Dinge. Erläge man ihrer Verführung, käme man nie ans Ende der engen, abschüssigen Straße. An deren Seiten aber, und das ist die zweite, im edleren Teil der menschlichen Natur angesiedelte Verführung, liegen interessante Gebäude, die man erforschen möchte, eine immer verschlossene Kirche des 13. Jahrhunderts, ein Platz mit einem barocken Zentralbau, unregelmäßig wendet sich irgendwo dazwischen eine romanische Apsis der Straße zu, ein Turm fährt in die Höhe, ein Geschlechterturm, dann ödet eine moderne Sakralgruppe an einer Hauswand den Blick mit kunstgewerblich kolorierten Tonfiguren an, – Qualität oder nicht, überall möchte man stehen bleiben oder sich rechts und links in die Seitengassen lokken lassen. Nur der Charakterstärke erreicht den Platz mit dem Kirchlein des heiligen Bernhard von Siena, dem Franziskaner, der drei Bistümer ausschlug und die Würde des Generalvikars niederlegte, weil er predigen und lehren wollte.

Des Franziskus Bescheidenheit scheint sich in ihm zu wiederholen, so wenig wie die Vita seines Ordensgründers ist die seine mit Sensationen bereichert worden. Auch er genügte wohl der Um- und der Nachwelt so, wie er war.

Und ohne Sensation ist auch die Pforte, die das Kirchlein öffnet. Man muß nahe davorstehen, um die leise, feine Sprache zu

Oratorium mit dem hl. Bernhard im Glorienschein

vernehmen, die ein Florentiner Künstler hier spricht. Sein Name gibt Anlaß zu Verwechslungen, er heißt Agostino di Antonio di Duccio, und schnell greift das Gedächtnis nach dem letzten Teil des Namens. Hatte ein Duccio nicht die Madonna in Siena gemalt? Das war Duccio di Buoninsegna, rund 150 Jahre vor dem Florentiner Steinmetz. Dieser beherrscht schon alle Errungenschaften der Frührenaissance, die harmonische Aufteilung der Fassade in vier Figurennischen, einen großen Eingangsbogen, ein Tympanon.

Im Querbalken über den beiden Türen erzählt er die Geschichte des heiligen Bernhard, im Bogenfeld zeigt er ihn uns gen Himmel fahrend und von je vier Engeln rechts und links begleitet. Gerade wenn man sich über diese etwas phantasielose Aufreihung, über die schematische Wiederholung hochmütig auslassen will, muß man innehalten: Die Engel sind wiederholt, aber variiert, sie wenden die Köpfe verschieden, sie musizieren jeder auf einem anderen Instrument, und daß ihre Körper so gleichmäßig übereinanderstehen, ist das nicht wie die gleichbleibende, tragende

Begleitung, die Baßstimme für eine feine, modulierte Melodie? Das Relief der Kassetten, die sorgfältige Steinmetzarbeit außen am Bogenfeld, die elfenbeinfarbene Patina, die der Stein im Laufe der Zeit angenommen hat, – das alles macht einen plötzlich ganz still und bescheiden.

So vorbereitet schaut man auf die Türpfeiler, und empfindet überrascht die unmittelbare Freude, die durch Schönheit ausgelöst wird. Zwölf flach gerahmte Felder enthalten die Reliefs von sechs Tugenden und sechs musizierenden Engeln. Fast vollplastisch, fast so, daß man sie mit dem durstigen Tastsinn umgreifen könnte, wölben sich die Körper nach außen; ganz flach, nur noch geritzt erscheinen die Flügel, erscheint alles, was weiter im Hintergrund liegt. Das Bas-Relief war natürlich keine neue Technik, schon in der Antike wandten Künstler es an, und doch: Welche Vorstellungskraft forderte sie einem jeden ab, der sie anwenden wollte. Trommel, Triangel, Flöte und Geige spielen die Engel – wo wäre Musik je so musikalisch dargestellt worden? Die Lokken der Mädchen, ihre Körper, ihre Hingabe, das alles gibt der Stein in seinem vollen Reiz wieder, das Außergewöhnliche aber ist der Schwung und der Fall der durchsichtigen Gewänder, die die Körper nicht verdecken, auch nicht betonen, sondern begleiten. Sie sind stark bewegt, sie fließen in großen vollen Schwüngen und doch nicht so, daß man sich einen stürmischen Wind vorstellen müßte, der die Bewegung bewirkte. Wind oder eine plötzliche Drehung des Körpers – das wäre zu direkt, zu vordergründig, zu alltäglich als Anlaß. Die schwingenden, ausholenden Linien dieser Gewänder sind abstrakt. Ihre Sprache existiert für sich. In ihnen ist zusammengefaßt, was die Engel geigen und die Tugenden verkörpern; der kleinste, aus dem Zusammenhang gerissene Ausschnitt würde noch Musik enthalten und schön sein.

Aber gerade der Ausschnitt: Man könnte damit auch irreführen. Müßte ein Kandidat der Kunstgeschichte ihn nicht dem Jugendstil zuordnen? Linienkunst, Linienfülle, Linienführung – natürlich, das ist Jugendstil. Immer wieder sind unsere Sinne in den letzten Jahrzehnten auf ihn zurückgelenkt worden, wir haben ihn angenommen, als hätten wir mit ihm etwas nachzuholen, als müßten wir ihm abbitten, daß unsere Eltern ihn nicht schätzten. Vor dem Werk des Agostino di Antonio di Duccio erkennt man, daß dieser Stil nicht nur an seine Zeit gebunden war. Wie alles Große war er immer da, verdeckt oder entfaltet, übersehen oder erkannt, bewundert oder verachtet. Die Engelsgestalten am Oratorium mit ihm zu benennen, ist kühn aber richtig.

BEI ASSISI

Wo man des heiligen Franziskus gedenkt

Gewaltig groß ist der Bau, den Vignola in S. Maria degli Angeli errichtet hat, in einem kühlen, durchdachten, monumentalen Stil, der Sehnsucht nach den herzlich beschwingten Formen des süddeutschen Barock wachruft. Da der Platz vor der Kirche gepflegt und weit, der Zugang geregelt ist, die Parkplätze sauber hinter Büschen verborgen liegen und die Bordkanten gerade und rein sind, verfällt man unwillkürlich der Vorstellung, man nähere sich einem Hallenbad, Hygiene habe die großen Maße diktiert, eine wohlbemittelte Stadtverwaltung zur Gesundheit der Allgemeinheit beigetragen, die Marmorstufen seien nicht nur sauber, sondern sogar steril, die hochgeschobene gewaltige Kuppel überdecke ein Rundbecken mit stark gechlortem Wasser. Und wenn man am Kopf der Stufen, noch vor der Eingangstür von einem strengen Priester ermahnt wird, nicht zu schwatzen, die Kleidung zu ordnen, den Sinn zu sammeln, so erscheint auch das momentan wie eine Gesundheitsmaßnahme, wenn auch eine geistige.

Vignola war ein großer Baumeister, er half, nach Michelangelos Tod dessen Peterskuppel zu vollenden, er schuf in Il Gesù in Rom den über das ganze Abendland hin stilbildenden Bau der Gegenreformation. Daß wir die Bewunderung für seinen Monumentalbau hier so respektlos unterwandern, daß wir das Gleichmaß der Fassade, den Akzent der schon von weiter Ferne sichtbaren Kuppel nicht genügend würdigen, das liegt wohl am Mißverhältnis zwischen dem, was hier verehrt wird und dem Stil, den der Baumeister für diese Verehrung wählte und formal übertrieb. Handelt es sich doch um Franziskus, den bescheidenen,

Portiuncula-Kirche

asketischen, anspruchslosen, den einzigen vielleicht, den Gehorsam nicht streng machte, den einzigen, der nicht verhärtete, weil die selbstauferlegten Forderungen hart waren, sondern der die Sonne besang und den Vögeln predigte und aus dessen Orden eine im Ursprung verständnisvolle, auch dem Fremden gegenüber liebevolle Mission ausging. Hier hat er die ersten Anhänger gesammelt, hier sein erstes Kloster gebaut, hier ist er gestorben, an einem Ort, der zu seiner Zeit Portiuncula hieß – »Portiönchen«. Wie verträgt sich das lustige, bunte Wort mit den Maßen dieser Kirche? Ist man eingetreten, so versteht man es: Denn wie die Puppe in der Puppe, so steckt hier die Kirche in der Kirche. Der ganze barocke Riesenbau ist nur entstanden, um das winzige Feldsteinkirchlein zu umschließen, das dem heiligen Franziskus gehört hat. Man möchte gern glauben, daß er es selbst mit eigenen Händen errichtete, aber das stimmt wahrscheinlich nicht, die Benediktiner von Subasio haben ihm den kleinen, einsam gelegenen und vergessenen Bau wohl 1210 überlassen. Aber er atmet den Geist des Franziskus, er liegt direkt unter Vignolas riesiger Kuppel und füllt nicht einmal deren Durchmesser, geschweige denn deren Höhe aus, je lauter Vignola spricht, um so stiller setzt sich Franziskus durch. Je größer die Dimensionen des Barock rundherum und im Langschiff lang vorgelegt sind, um so kleiner zieht sich die grob gearbeitete Feldsteinkirche zusammen, um so mehr konzentriert sie die Gedanken auf sich. Man muß sie plötzlich beide bewundern: Das Portiuncula-Kirchlein, weil es den Geist des heiligen Franziskus enthält, die Barockkirche, weil deren Gegensätzlichkeit das Wichtige deutlich macht. Gerade weil Vignola so anspruchsvoll ist, gerade weil er imponiert und betont und übertreibt, gerade darum erfahren wir die Güte dessen, der das alles nicht tat.

Irren wir uns vielleicht in der Person des heiligen Franziskus? Hat der inbrünstige Wunsch nach Frömmigkeit seine Person sieben Jahrhunderte lang verklärt und gesteigert? Das wäre möglich, doch ist seine Lebensgeschichte dabei ganz schlicht geblieben, ganz frei von Sensationen, von spektakulären Wundern und

S. Maria degli Angeli

blutigen Martyrien. Sollte man nicht denken, seine Person habe genügt, ihn heilig erscheinen zu lassen, sein Lebenswandel habe keiner Übertreibung bedurft? In Assisi in der Oberkirche ist seine Vita an die Wände gemalt, von Giotto heißt es, aber die Fachleute bescheiden sich mit der Feststellung, daß nur ein Werk nachweisbar von Giotto sei, die Arena-Kapelle in Padua. Aber das Leben des Franziskus kann man in Assisi kennenlernen, unabhängig davon, wer es gemalt hat. Und an diesem Leben ist gar nichts Großes! Ein Mann, der die Tugend des späteren Heiligen frühzeitig erkennt. Ein Vater, der bekümmert und zornig ist, weil der Sohn den wohlsituierten Reichtum des Elternhauses ausschlägt und in die Armut geht. Fromme Träume, Erarbeitung einer Ordensregel, Bestätigung durch den Papst. Dämonenbannung und Predigt, Labung eines Verdurstenden, Voraussage eines Todesfalles, Feuerprobe vor dem Sultan. Diese einzige Szene könnte zur Sensation aufgebaut werden, aber nicht einmal das ist geschehen, Franziskus hatte es nicht nötig. Und das Bewußtsein davon hat sich offenbar sieben Jahrhunderte hindurch gehalten. Der bescheidene Franziskus brauchte keine unbescheidene Legende. Geht man in Assisi durch seine Kirchen, die obere, die untere, die Krypta, trifft man dort auf Pilgergruppen, die von Priestern geleitet durch alle Kapellen und vor die Altäre ziehen, dann sieht man, wie lebendig dieser Heilige bis heute geblieben ist, auch ohne daß er seine Überzeugung mit dem Leben bezahlt hätte.

Ungewöhnlich schnell, schon zwei Jahre nach seinem Tode, wurde er heilig gesprochen. Auch hierzu bedurfte es keiner Abklärung, keines zeitlichen Abstandes. Und zugleich mit der Heiligung 1228 begann in Assisi der Bau der großen Doppelkirche, an der Stelle, an der bis dahin der Schindanger gelegen hatte.

Bescheiden und klein lag unten im Tal das Portiuncula-Kirchlein. Es wartete bis 167 Jahre nach des Franziskus Tod, ehe es ein Geschenk, einen Schmuck, eine kleine Aufmerksamkeit erhielt: Die Portiuncula-Tafel des Ilario di Viterbo, sie ziert die Ostwand der winzigen Kirche. Und es dauerte weitere 176 Jahre, ehe Vignola seinen Riesenbau über sie stülpte. Und wiederum mehr als 300 Jahre, ehe Friedrich Overbeck die westliche Außenfront der Feldsteinkirche bemalte. Mag uns die Malerei der Nazarener auch vielleicht aus der »Kleinen Kinderbibel« oder aus den im Gottesdienst benutzten Illustrationen als etwas peinlich in Erinnerung sein, sie paßt sich dem Franziskus-Kirchlein in ihrer Naivität besser an als die leere Barockhülse des Vignola. Der Nazarener Overbeck, so möchte man glauben, habe hier mit Inbrunst gemalt, denn hier war er ja in Umbrien, der Heimat des über alle anderen geschätzten Malers Raffael. Umbrien, die sanfte Landschaft mit den süßen Sonnenuntergängen, hat beide hervorgebracht: Franziskus, den Heiligen, und Raffael, den Maler.

Durch die Linse

Nicht, daß ich den Fotografen unterschätze. Er arbeitet hart. Er fällt ins Knie und stemmt einen Apparat von beachtlichem Gewicht. Er mißt und schätzt und winkelt, sein Auge schmeckt Schatten ab, sein Geist rechnet mit Blenden und Zeiten, er salzt sein Motiv mit wenigen Wolken, er überrundet mit der Fixigkeit eines Olympialäufers die Schafherde, um sie just dort zu bannen, wo sie an der einsamen Säule vorbeizieht, pastoral, erhaben. Er krümmt sich wie ein Wurm, wenn's um die Biene an der wilden Malve geht, er schleppt Stative und Objektive, er sucht die schwärzeste, selbst die stinkendste Höhle auf, wenn der Film sich verklemmt hat, er schuftet. Wahrscheinlich kann nur der zutiefst Gleichgestimmte ermessen, welche Wonne die Seele füllt, wenn dann nach Wochen der Lohn erscheint: gestochen scharf, klar in der Farbe, überwältigend im Motiv. Wirklich –, war denn diese murklige Kirche, von der der Reiseleiter so viel Aufhebens machte, war die wirklich so schön? Der Fotograf erkennt sie erst jetzt auf seinem Bild, begeistert und betroffen. Glauben Sie mir: Ich hochachte den Fotografen, nicht nur, weil er in der Überzahl ist.

Aber ich möchte ein Loblied singen auf den ganz leisen, nie eiligen, den passiv versonnenen, den freien Nichtfotografen. Schon, daß man ihn eigentlich nicht bezeichnen kann, zeigt seine Stellung. Er trägt nichts in der Hand. Seine Finger streifen die wilden Malven und sein Auge ruht gelassen auf Bienen und Eidechsen. Ihm erwächst keine Verpflichtung aus den schattentiefen Kanneluren griechischer Säulen; er wirkt wie ein Schmarotzer an all der Schönheit, die er nur anzusehen braucht. Glauben Sie nicht, daß aus mir der nervöse Neid des Reiseleiters spräche, der im Nichtfotografen den geduldig zuhörenden Kunden, im Fotografen den ewig abseits agierenden Desinteressierten sieht. Mit

Engelszungen könnte man predigen, man würde keinen Fotografen dadurch vom eben richtig besonnten Motiv weglocken. Eine nachträgliche Schlagwortinformation über das, was er da eben geknipst hat, genügt ihm. Aber der Nichtfotograf, glauben Sie mir, hört genauso wenig zu. Auch er arbeitet still für sich und aufmerksam gespannt und nimmt geradeso viel oder so wenig Schlagwortinformation auf wie der Fotograf. Macht nichts, wir sind ja nicht in der Schule! Aber ich achte im Nichtfotografen eine Eigenschaft, die in unserer abbildungsüberschütteten Zeit leicht verlorengehen könnte: Etwas aus der Erinnerung zu beschreiben.

Das Mosaik im Dom von Otranto. Man kann es nur partiell fotografieren, und die käufliche Gesamtabbildung gibt weder die Farbe, noch auch den leisesten Abglanz vom Eindruck wieder. Und nun stelle ich mir vor, daß der geschulte Nichtfotograf an einem regnerischen Herbstabend zu Hause sitzt und wieder aufbaut, was er sah:

Den Eintritt aus brüllender Sonne in den schweigenden Schatten des Kirchenraumes. Gleich unter den Füßen zwei Untiere, dunkelorange, Elefanten nach ihren Hauern, Paarhufer nach ihren Füßen. Und schwer lastend auf beider Rücken, Kraft ziehend aus der Kraft beider Riesen, der Weltenbaum. Er braucht Kraft, und wie er sie brauchen wird, denn er muß aufsteigen bis in den letzten Scheitelpunkt der Ostapsis, er muß ausschwingen nach allen Seiten, die Hölle tragen mit dem gefräßigen Satan und allen bösen, gefesselten Sündern. Er muß seine Äste hergeben für den Bau der Arche Noah, und er darf seine Zweige nicht mit Gelächter erschüttern, wenn die Tiere in der Arche aussehen, als posierten sie sauber aufgereiht und unsagbar töricht für ein Familienfoto. Er darf auch nicht erschrecken, wenn der Faun aus seinen Zweigen grölt; zuckte er, so würde König Alexander stürzen und mit ihm die Fleischbrocken an den Stecken; und dann könnten die geflügelten Greifen nicht mehr danach gieren und also nicht mehr fliegen und also den Alexander nicht mehr emportragen. Ruhig muß er bleiben, der grau-braune Weltenbaum, auch da, wo Adam und Eva sündigen, wo Kain den blutenden Abel erschlägt, wo König Artus mit seltsam fordernder und gebietender Hand mitten in die Bibel springt. Das sechs-feldrige Schachbrett in schwarz und weiß, und rechts der Atlas, der eine Weltscheibe stemmt, und die war nichts als bunter Marmor, rundum rund, aber innen grünweiß gezackt. Der erste dicke Ast des Weltenbaumes, gleich links über dem Elefanten, schützte er nicht einen Hirsch? Der aber war verwundet, ein Pfeil drang durch seinen Hals, runter, rauf, als hätte ein Schulkind den ersten Faden durch ein grobes Gewebe gezogen. Und ein Weib hielt den noch schwingenden Bogen dazu, langhaarig, halbnackt, wild mit Halbrock und braunen Zigeunerhänden, die Kraft der Sünde in jedem winzigen Stein seiner mosaizierten Gestalt.

Nur einmal ist das unaufhaltsame vegetative Gerüst grenzenloser Fabulierkunst durchschnitten vom schwarz-weißen Schriftband und dem selbstbewußten Namen des Künstlers, dem des Bischofs, der ihm den Auftrag gab, und der Datierung, die auf Christus und den König Bezug nimmt. Aber »demütiger Diener« nennt sich der Bischof, und demütig dient in den folgenden großen Kreisen der Mensch unter den Monatszeichen und Sternen: Mit Säen und Ernten, Weinkelter, Dreschen und Schweineschlachten; er zieht sich den Dorn aus der nackten Sohle und wärmt die Hände am Feuer. Der Nichtfotograf hat vielleicht die Jahreszahl vergessen, die der Fotograf eindeutig und schön auf dem Dia ablesen kann. Vielleicht vertiefen sich in seiner Erinnerung die Farben zu einem Klang, der in Wahrheit durch den matten Naturstein gar nicht gegeben war. Aber ich habe das Gefühl, daß gerade ihm, wenn er den erlebten Eindruck wieder heraufholt, daß gerade ihm der Weltenbaum wirklich wächst und alles umschließt, was der Fotograf im Detail immer wieder realiter betrachten kann. Und bei dem ist die Farbtreue auch nicht immer genau. Sie meinen, ich überschätze den Nichtfotografen? – Kann sein.

MONTE OLIVETO MAGGIORE

Signorelli im Kreuzgang

Der Prior läßt sich von allen Besuchern Postkartengrüße versprechen, denn er sammelt Briefmarken. Und hat er im Kreuzgang den Inhalt der Signorelli-Fresken erklärt – das ist leicht, denn unter einem jeden steht geschrieben, welches Ereignis der Benediktlegende dargestellt ist – dann führt er die Leute zum Verkaufsraum und äußert die Bitte um Post. Das paßt zum Ort, denn der Ort lebt.

Wenn man Glück hat, darf man kurz vor Mittag am Refektorium vorbeigehen und den Holztisch sehen mit den spartanischen Gedecken: Teller, Wasserkrüge und Löffel, und ein Novize, nicht älter als 20 Jahre, fegt auf dem Gang davor die letzten Krümel zusammen. 20 Jahre ist er alt, ein Bürschchen, ein Jugendlicher, und doch entschlossen, in dieser unfrommen Zeit den Weg der Frömmigkeit zu gehen, im Kloster zu leben, Askese zu üben. Er ist nicht der einzige Junge in Monte Oliveto, es gibt zwei oder drei Gleichaltrige, die der Lehre des heiligen Benedikt folgen wollen, dem besonderen Zweig des Ordens, dem vom Ölberg. Drei adlige Freunde aus Siena hatten ihn im 14. Jahrhundert gegründet, sie wollten Benedikt von Nursia übertreffen, noch strenger sein im Verzicht, noch tätiger in der Nächstenliebe. Und dieses Kloster, Monte Oliveto Maggiore, war ihre erste Gründung. Es ist bis heute das Mutterhaus aller folgenden geblieben, ein Kloster, das lebt. Natürlich ist es bekannt, natürlich hat es im Reiseführer einen Stern, und doch liegt es ein bißchen abseits vom großen Strom
der Toskana-Reisenden; man muß abbiegen, um es zu erreichen, zehn Kilometer hin, zehn Kilometer zurück, die meisten bleiben

Monte Oliveto Maggiore (Gesamtansicht)

lieber auf der geraden Straße von Siena zum Bolsena-See, ohne sich ablenken zu lassen. Und gar im Winter, wenn die Luft so klar ist, daß sie unstofflich wirkt, übersinnlich, wenn die Hügel darin reine Linien, die Berge am Horizont Federzeichnungen sind, dann fährt man nach Monte Oliveto hinauf in eine Einsamkeit, die es unglaublich scheinen läßt, daß Italien ein dicht besiedeltes Land und seine Bevölkerung zahlreich ist. Verwaschene, seltsam geformte Lehmhügel begleiten die Straße, hinter jeder Kurve glaubt man die ziegelroten Gebäude im Grün der Zypressen liegen zu sehen, immer wieder sind es nur Bauernhöfe, Scheunen oder die Häuser der Straßenwacht. Die zehn Kilometer strecken sich, die Hügel schmeicheln sich in den Blick, Feigenbäume, Olivenbäume, sanfte, runde Formen in der Nähe, scharfe, große in der klaren Ferne.

Steigt man dann endlich vor dem Kloster aus, noch vor dem wehrhaften Eingangstor, auf einem Parkplatz, den der praktische Sinn der ans Alltagsleben gewöhnten Brüder für Besucher geschaffen hat, so scheint man tageweit gereist zu sein. Tageweit fort vom geschäftigen Leben der Städte, tageweit von Verkehr und Programm, tageweit auch von den Landschaften, die prunken und verführen, den idyllischen Meeresbuchten, den dramatisch lauten Steilküsten oder den sich immer wieder überbietenden Terrassen großer Parks. Hier ist alles still, auch die Landschaft. Sie dehnt sich bis weit an den Horizont, aber sie ist ganz einfach, ungekünstelt, nichts Besonderes und vielleicht deshalb so entspannend.

Ein paar Blumenbeete sind da innerhalb des Eingangstores, winterlich kahl und braun, eine lange Zypressenallee führt zu Kirche, Kloster und Kreuzgang. Die Stille ist wie die Luft, so stark, so rein, daß man sie nicht fassen kann. Man folgt der Allee und denkt, daß dies wohl der angemessene, der unaufdringliche, der richtige Weg in ein Kloster sei. Vielleicht ein bißchen Böcklin, vielleicht ein bißchen Toteninsel, aber viel weniger theatralisch, viel lebendiger und gar nicht sentimental. Ob in dem großen leeren Becken, das aussieht wie ein Swimming-Pool, einst die Karpfen für das klösterliche Festessen gezüchtet wurden? Denn Fleisch rührten die Brüder vom Ölberg nicht an. Auch heute? Wir müssen fragen. Die Luft ist wie ein Reinigungsbad, sie funkelt vor Klarheit, sie dringt in die feinsten Verästelungen der Atemwege und macht sie kühl und sauber. Und steht man still, unterbricht man das Geräusch der eigenen Schritte, das Rascheln des eigenen Mantels, dann ist kein Menschenlaut mehr zu hören, kein Radio, kein Motor, keine Stimme. Nur ein paar Vögel. Sie singen auch im Winter in einem Land, das angeblich alle Singvögel in Netzen fängt, um sie zu meucheln und barbarisch zu verschlingen. Dabei ging doch aus diesem Land der Heilige hervor, der den Vögeln predigte, der einzige, welcher der christlichen Lehre die Ehrfurcht vor der Natur zubrachte. Man lernt sie hier in der stillen Allee zwischen den Zypressen, und man lernt sie nicht als Programm oder als Aktion, sondern als Teil von einem selbst, unaufdringlich und leise.

Vielleicht ist der Anblick von Kirche und Kloster enttäuschend. Wir haben so gewaltige, so kunstreiche Bauten in Siena gesehen, auch der im Süden ungewöhnliche rote Ziegel war uns dort schon begegnet, so daß uns hier nichts Neues überrascht. Wir kommen auch nicht der Kirche, nicht ihres barockisierten Inneren wegen, wir suchen den Kreuzgang, der verglast ist, so daß die Fresken Signorellis vor Wettereinflüssen geschützt liegen. Und hier, vor den wohltuend stumpfen Farben des großen Malers, empfinden wir die gleiche Klarheit wie draußen in der frischen Luft der Zypressenallee. Es ist nicht nur die Klarheit jeder einzelnen Linie, die überzeugt, es ist die Klarheit der Aussage: Die Hauptsache ist sichtbar, der Inhalt verständlich, die Erzählweise einfach. Die Figuren beherrschen die Bilder; Landschaften, Architekturen sind untergeordnet, auch sie sind deutlich und richtig, aber im menschengemäßen Verhältnis zum Ganzen:
Der große Meister der Wandmalerei vervollständigte sein Können hier, ehe er sein Hauptwerk, das »Jüngste Gericht« in Orvieto schuf. Freskomalerei ist eine schwierige Technik, etwa wie das Malen auf Löschpapier, also unkorrigierbar. Die frisch aufgetragenen Farben werden sofort aufgesogen, sie wirken matt und stumpf. Man kann mit ihnen nicht brillieren, nichts vortäuschen, nichts überglänzen, deshalb sind sie wohltuend für Augen, die tagtäglich mit Grelle und Glimmer überschüttet und erschöpft werden.

Signorelli hat die Malerei hier nicht vollendet, Sodoma tat das für ihn. Den nannten die Mönche wirr, einen Tollkopf, aber sie waren an die Klarheit ihres Denkens, die Luft ihrer Zypressenallee und die Bilder Signorellis gewöhnt. Sodoma verkünstelte sich etwas mehr als sein Vorgänger, er kokettierte ein bißchen, er zeigte gern, was er konnte. Und er malte sich selbst als wohlgekleideten Kavalier vor einer aufwendigen Renaissance-Architektur, und ordnete zu seinen Füßen zwei Dachse an. »Was soll das?« fragten wohl die Mönche, als er 1508 damit fertig war.

Die Bilder im Kreuzgang stellen das Leben des heiligen Benedikt von Nursia dar, denn von seinem Orden ging auch jener des

Signorelli: Das Leben des hl. Benedikt, Fresko (Ausschnitt)

Ölbergs aus. Aber trotz der Beschriftung und trotz der klaren Malerei versteht nur der sie zu lesen, dem das Leben dieses Heiligen vertraut ist. Es sei denn, der Prior hat Zeit, sie ihm zusätzlich mündlich zu erklären. Das tut er gerne – der Briefmarken wegen!

ROM

Borrominis Architektur

Jeder kennt die sieben Hügel Roms und niemand hat sie gesehen. Es gibt sie nicht mehr, sie sind eingeebnet, abgeschliffen, gleich gemacht, meterhoch füllt historischer Schutt die Täler zwischen ihnen, durch sie hindurch frißt sich die Metro, immer ängstlich, sie könne auf bedeutende antike Reste stoßen und durch das Machtwort der Archäologen an der Weiterfahrt gehindert werden. Die wachsende Stadt schließt Hügel ein, die nicht zu den klassischen sieben zählen, nicht einmal der sichtbare Monto Pincio gehört dazu, obwohl er seinen Namen der römischen Familie der Pincier verdankt. Wenn einst die deutschen Kaiser nach allen Schwierigkeiten und Hindernissen zur Krönung die Stadt Rom erreichten, wenn fromme Pilger am Ende aller Entbehrungen das Heil vor sich sahen, sogar noch, wenn im letzten Jahrhundert deutsche Maler mit entzücktem Auge vor dem Ziel ihrer künstlerischen Sehnsucht standen – für alle muß es einen Platz gegeben haben, von dem aus sie die gesamte Stadt mit allen ihren Hügeln erfassen konnten. Ihre Rührung wird eindrucksvoll geschildert.

Wir können sie so nicht empfinden, denn Rom läßt sich nicht mehr übersehen, es ist eine moderne Großstadt. Eine schöne freilich, und dies Beiwort können nicht viele beanspruchen. Die Rührung, die der Reisende früherer Jahrhunderte empfand, muß sich bei uns anders äußern, als Spannung etwa, ob man die breite Verkehrsader der Via Salaria richtig finden und im Strom blitzschnell ihren Vorteil suchender Autos sicher im Hotel ankommen wird. Als Aufregung vor so viel unbekannten imponierenden Gebäuden, deren Charakter sich uns in den folgenden Tagen

S. Carlo alle Quattro Fontane

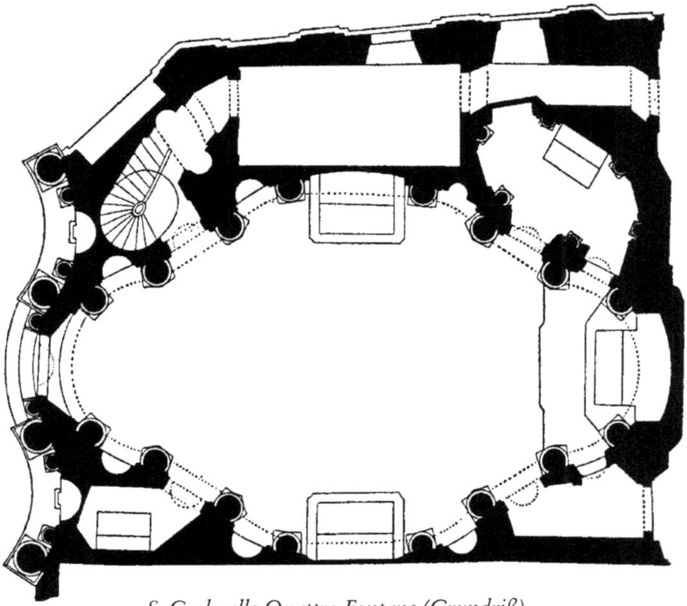

S. Carlo alle Quattro Fontane (Grundriß)

entdecken soll. Als erleichtertes Aufatmen, wenn man in ein Taxi sinkt und der väterliche Großstädter am Steuer verspricht, das Seine zu tun. Als Bewunderung vor einer Bahnhofsvorhalle, die den einlaufenden Zug mit Großzügigkeit empfängt, imponierend gemischt aus Zweckmäßigkeit und schöner Linie. In alledem liegt Rührung, wir überspielen sie nur allzu schnell, denn sie ist nicht mehr gefragt, sie wird als falsch verdächtigt und als pathetisch verachtet.

Und eben das kann man in Rom lernen, daß Pathos nicht falsch sein muß. Wir wollen nicht von den riesigen Dimensionen sprechen, in denen das antike Rom seinen Anspruch ausdrückte, die Maxentiusbasilika, das Pantheon – auch das ist Pathos, nicht nur von der Größe her, auch von der Ausstattung mit Statuen und vielfarbigem Marmor, mit kassettierten Decken, kanellierten Säulen und gemusterten Fußböden. Der Einwand, dies alles sei

Pracht und Prunk, aber nicht Pathos, scheitert an der Einsicht, daß übertriebene Größe an sich pathetisch wirkt. Räume, die für Menschen geschaffen, menschliche Maße um ein Vielfaches übersteigen, können stolz und schön sein, aber sie sind es auf eine vordringliche, feierliche, auf eine pathetische Weise.

In Rom aber kann man lernen, daß auch kleine, intime Räume pathetisch sein können, Statuen in den normalen Maßen des menschlichen Körpers, Gemälde selbst dann, wenn auf ihnen keine gewaltigen Gesten oder großen Handlungen dargestellt sind. Wir sprechen vom römischen Barock.

Wer jetzt sagt, er möge die unruhigen, mit vielfarbigem Marmor überladenen Innenräume der römischen Barockkirchen nicht, den möchte man an der Hand zum »Karlchen« führen, zu Carlino, der Kirche *S. Carlo alle Quattro Fontane,* dem Meisterwerk Borrominis. Die immer wiederholte Behauptung, sie sei so klein, daß sie in einen der mächtigen Kuppelpfeiler von St. Peter hineinpasse, soll nicht allzu wörtlich genommen werden, das bezieht sich nur auf den Grundriß des Innenraums. Weil dieser eine gewisse Ähnlichkeit mit dem Grundriß eines solchen Kuppelpfeilers hat, bietet der Vergleich sich an. Daß die Karlskirche klein ist, würde man ohne diese Vorgabe gar nicht bemerken, denn Borromini versteht es, dem geringen Raum jede Freiheit zu geben, durch Schwingung und Erhöhung, durch Bewegung und Verhaltung.

Die Kirche liegt mitten im belebten Verkehr und erhält ihren Namen »alle quattro fontane« von den vier Brunnen, die zwischen den einmündenden Straßen die Kreuzung schmücken. Es ist nicht leicht, vom Äußeren des Bauwerks ein Bild zu gewinnen; Fußgänger, Verkehrsampeln und Autos stören die Konzentration. Und doch wird eines auch bei flüchtigem Blick klar: Die Fassade deklamiert. Jedes Säulenpaar bildet den Rahmen für eine plastische Komposition: Statuen, die aus ihren Nischen herausdrängen, um wie Schauspieler ein religiöses Gefühl vorzutragen. Oratorisch greift die Mittelfigur, der heilige Karl Borromäus zur lauschenden Menge heraus. Auch die Architektur drängt vor, die eingezogenen Flanken der dreiteiligen, zweistöckigen Fassade scheinen die vorgewölbte Mitte aus sich herauszupressen. Das ist natürlich nicht die stille Frömmigkeit des Mittelalters, es ist großes, gutes, bewußt gestaltetes Theater und als solches ergreifend und echt. Innen ist es still, wenig Besucher treten hier ein. Wer es tut, fühlt sich von einem lichten, harmonischen Raum umfangen, den Richtungsströme wohllautend durchziehen. Die Grundform ist die eines gestreckten Rhombus, dessen spitze Winkel mit Kreis-, dessen flache mit Ellipsensegmenten gerundet sind. Die Halbkuppeln an den Schmalseiten haben eigentlich eine raumschließende Funktion, aber diese wird wieder aufgehoben durch Dreiecksgiebel, die ja Elemente des Außenbaus sind und wie so oft bei Borrominis Werken keinen Innen-, sondern einen Zwischenraum entstehen lassen. Der Grundriß des Innenraumes ist so gestreckt, daß vom Eingang zum Altar eine entschiedene Längsrichtung durchläuft, das plastische Gerüst der Wände aber, die vorgesetzten Säulen mit einer irreführenden Stellung der Kapitelle, die Türen, die Muschelnischen, die Altäre und die Beichtstühle, dieses plastische Gerüst ist so stark, daß weder die Längsrichtung, noch der rhomben- oder wannenähnliche Grundriß zur Geltung kommen. Nur das kräftige Gesims stellt die Form rein dar, das Gesims macht das Ganze überschaubar, es beruhigt über allen komplizierten Einzelformen, ja Gegensätzen, den Sinn des Betrachters. Und daß dieser den Raum weiter und größer empfindet, als er in Wirklichkeit ist, das liegt auch an der ovalen Kuppel, die mit griechischen Kreuzen, mit Acht- und Vielecken geschmückt und von einer konvex ausschwingenden Laterne bekrönt ist. Überall in diesem Raum könnte man einen Auftritt erwarten, ein Schauspiel, die Nischen, die verschieden großen Zwischenräume zwischen den Säulen bieten sich dafür an, der hohe Kuppelraum verspricht, Worte zu vergrößern, Wirkungen zu steigern; ein höchst kompliziert gebautes Gerüst erhöht die Gefühle. Das ist Pathos, barockes Pathos, aber es spricht leise. Niemand wird von ihm erschlagen, niemand kann seine Aufrichtigkeit bezweifeln, man möchte zu behaupten

wagen, es könne sich ihm niemand entziehen.
Auch nicht in der anstoßenden Sakristei, die durch eine Nische illusionistisch erweitert und weiß in weiß mit Stuck dekoriert ist, und schon gar nicht im Kreuzgang, dieser überraschend stillen Oase ganz dicht bei den Großstadtstraßen. Zwei übereinandergestellte Säulenordnungen werden nicht nur durch Gebälk oder Gesims voneinander getrennt, sondern durch ein Stück fester Wandfläche, Festigkeit ist Borrominis Prinzip, die ekstatische Körperauflösung Berninis ist ihm fremd, und darum beherrscht er die leisen Töne barocker Sprache so gut. Rechteckig ist der Grundriß des kleinen Kreuzganges, seine Ecken schwingen konvex ein, und die Baluster oben wechseln ab: einer baucht ganz normal nach unten aus, der nächste steht sozusagen Kopf und streckt den dicken Bauch nach oben, so gewinnen sie Platz nebeneinander. Ein achteckiger Brunnen in der Mitte, schmiedeeiserne Voluten darüber – was hier bedacht und berechnet wurde, ist nicht mehr pathetisch, sondern ganz einfach und direkt. Aber hier war auch nur Erholung und Sammlung gefordert, das wirklich religiöse Gefühl bedurfte der Deklamation. Sich für dessen Darstellung im pathetischen Raum vorzubereiten, dafür, könnte man denken, war der Kreuzgang geschaffen.
Das ganze Ensemble, die Kirche mit ihren Nebenräumen, der Kreuzgang, der Konvent, wie wenig Platz nimmt das an der Straßenecke ein. Und wieviel räumliche Bewegung und Fülle umschließt es, wieviel Widerspruch im Detail, wieviel Festigkeit im Umriß und welche Klarheit insgesamt.

Rom, Piazza Navona

ROM

Berninis Plastik

Eine große Stadt groß gestalten, das konnte Bernini. Niemand wird daran zweifeln, der die Kolonnaden des Petersplatzes sieht, wie sie in mächtigen Viererreihen von der Kirchenfassade einwärts laufen und dann zu Kreisen ausschwingen. Jeder wird Bernini hier bewundern: Daß er seine Säulen eingeschossig beließ und ihnen ein schlankes Gebälk gab, um den Eindruck der kolossalen Kirche der Christenheit nicht zu stören, daß er die unserem Raumgefühl suggerierten Täuschungen zwar berechenbar, nicht aber empfindbar machte – wir schließen nämlich die als Kolonnaden gebauten Kreissegmente kurz als einen einzigen üppigen Raum und erweitern den Platz dadurch unrichtig aber schön, und wir glauben, die Brunnen ständen im Mittelpunkt zweier sichtbarer Kreise, dabei markieren sie die Brennpunkte einer gedachten Ellipse, die beide Kreise einschließt – alles das ist als Platzanlage unvergleichlich, ein Meisterwerk des Hochbarock, ein Denkmal für den Baumeister Bernini.
Es wird auch niemand dessen Witz bezweifeln, der seinen Elefanten vor der Kirche S. Maria sopra Minerva kennt, diesen munter bewegten, nicht allzu naturnahen Dickhäuter, der den kleinsten Obelisken der Welt auf seinem Rücken trägt und dabei amüsiert seinen viel zu langen Rüssel kräuselt. Auch das bildnerische Geschick Berninis wird unbezweifelt bleiben, wenn man den Vierströmebrunnen auf der Piazza Navona sieht, der lokker und unsymmetrisch Erdteile und deren Pflanzen, Erdteile und deren Tiere, Erdteile und deren Flüsse zusammenfügt, aus Travertin all das, was Erde und Fels darstellt, aus Marmor alle Gestalten und Symbole. Lebendiges Wasser ist da so selbstver-

ständlich in den Aufbau hineinkomponiert, daß der bekrönende Obelisk auf den Strömen zu schweben scheint. Eine gewaltige Zier für einen langen ovalen Platz.

Und wem sie zu gewaltig ist, um Bernini anzuerkennen, der wende sich zur Piazza Barberini und bewundere den viel kleineren Brunnen, der nur einen einzigen dünnen Strahl hat. Ein pausbäckiger Triton bläst ihn aus einer Muschel in den Himmel, unbekümmert darum, daß das frei wieder herabstürzende Wasser seinen Leib allmählich bemoost hat. Spärlich rinnt es dann aus einem gewellten Muschelrand herab, vorbei an den tragenden Delphinen und am Wappen der Barberini. Dieser Bernini, der dem barocken Rom Gestalt gab, der aus dieser Stadt nicht wegzudenken ist, dessen Werke in allen Kirchen begegnen, auf öffentlichen Plätzen und in den Museen, der Stadtprospekte schuf und Brunnen, Porträtstatuen und Grundrisse – es scheint, daß er alles konnte. Und das ist fast zu viel.

Auf dem schmalen Grat zwischen Können und Virtuosität balancieren die Werke, die heute in der Galleria Borghese stehen, der Raub der Persephone und Apoll und Daphne. Was Bernini mit diesen Gruppen aus dem Marmor herausschlug, ist nicht zu überbieten, es steht am Ende einer Entwicklung. Auf diesem Weg gibt es kein Weiteres, mehr ist nicht möglich. Die Werke haben allen Reiz einer ausgereiften, einer bis zu Ende geführten Entwicklung und auch deren Gefahr, deren Dekadenz und Übersättigung. Sie zu betrachten, macht staunen aber nicht sprachlos, es reizt zuhöchst, aber es rührt nicht zutiefst. Beifallsstürme müssen sie entfesseln und Müdigkeit letztlich hinterlassen. Der Charme des Morbiden lockt, sie immer wiederzusehen, ihr Oberflächenreiz verführt, ihre Bewegungsfülle berauscht, man möchte sich hineinwerfen in ihre sinnliche Ekstase.

Dreifach schraubt sich die Dreiergruppe von Höllenhund, Hades und Persephone in die Höhe; fest und ruhend im Sockel, im fast unbewegten dreiköpfigen Cerberus; kräftig vorstoßend im struppigen Unterweltsgott; ausfahrend in viele Richtungen in der geraubten Frau, die sich vom Gesicht des Mannes abstößt,

Bernini: Apoll und Daphne

den Kopf mit aller Kraft seitwärts wendet, den Arm nach hinten streckt und die Beine auswärts winkelt, als wolle sie keine Berührung mit dem kräftigen Körper des Mannes. Ihre Haare fliegen, ihr Mund ist geöffnet, man sieht die Zähne darin, man sieht sogar eine Träne auf ihrer Wange – aus Marmor. Und der gewalttätige Gott, unter dessen Marmorhaut jeder Muskel gezeichnet ist, der die tief eingeschnittene Leistenlinie der klassischen griechischen Statuen hat, dessen Bart und Haar kleinteilig gelockt und großzügig bewegt sind, er drückt die besitzergreifende Rechte so tief in den Schenkel des Mädchens, daß sich der Marmor dort zu feinen Mulden rundet, zart verschattet, so beobachtet und so erzählt, daß man die Finger anlegen möchte, um zu fühlen, ob das jugendliche Fleisch wirklich so weich und straff zugleich ist, wie der Stein glauben macht.

Und dies alles soll ein einzelner Mensch aus dem steinernen Material mit Hammer und Meißel herausgeholt haben? Die große Form ebenso wie das winzige, peinlich genaue Detail? Die vielen verschiedenen Bewegungsrichtungen und die schwellenden Muskeln der Körper, den Unterschied der fleischlichen Beschaffenheit von Mann und Frau und die große Geste, die in den leeren Raum stößt?

Das alles mußte ja stimmen, als es fertig war, auch übereinstimmen mit einem Thema, das zu griechischer Zeit ernst war, in Berninis Tagen aber nur noch Bildungsgut. Es konnte nur überzeugen, wenn es theatralisch dargestellt wurde, so, daß man sich davon mitreißen lassen konnte, ohne doch betroffen zu sein. Ein Betrachter der Gruppe sagte einmal: »Ich habe den Eindruck, sobald wir uns wegwenden, steigen die Figuren vom Sockel herab und fragen einander: »Waren wir heute nicht gut?«

Verführt von seinem Können, das schlechthin alles bewältigte, ließ sich Bernini zu dem hinreißen, was eigentlich nicht mehr Plastik ist, sondern Malerei: die Träne auf dem Gesicht des Mädchens. Sie ist nicht materialgerecht, keine Aufgabe für den Bildhauer, sie ist kunstgewerblich. Aber Bernini ist eben nicht nur virtuos, seine Werke aus der Galleria Borghese zeigen, daß er sich einfangen kann, daß er eben noch auf dem Grat schwankt, der Kunstwerke von Kunststücken trennt. Denn wenig später meißelt er die Gruppe von Apoll und Daphne und versteht nun, die Verschiedenheit der dargestellten Objekte durch verschiedene Bearbeitung des eigenen Materials deutlich zu machen: Dadurch daß er den Marmor des Baumes, in den die Nymphe sich verwandelt, nicht glatt poliert, sondern stumpf beläßt, ihn sogar mit dem Scharriereisen rissig macht. Das mag auch ein malerischer Effekt sein, aber er wird mit der Technik des Bildhauers erreicht, mit einem Wechsel der Technik. Und ist das Thema, die Verwandlung eines Mädchens in einen Baum auch wieder ein dem strengen Plastiker gefährliches Thema, – Bernini gibt ihm eine bewegte, durch und durch plastische Form: Im Lauf eilt Apoll vorwärts, wie eine Woge schiebt er das Mädchen vor sich empor, und sie hält, wie eben fest gewachsen, mit ihrem halb schon verwandelten Leib die energische Richtung auf. Ihre Zehen werden Wurzeln, ihre Haare und Hände Blätter, ihren Leib umgibt schon die Rinde, ihre Füße verwachsen mit der Erde. Überraschung malt sich in ihrem Gesicht, in dem des Apoll Betroffenheit und noch immer ein Rest von Begierde. Und wieder: Wer die leichten Sandalen an den Füßen des Gottes so zart aus dem Marmor meißeln konnte, der mußte verführt werden, die Grenzen zu überschreiten.

Virtuos ist ein abwertiges Wort. Man möchte es bei Bernini aufgewertet wissen, denn bei aller technischen Virtuosität: Welche Vorstellungskraft hatte dieser Bildhauer, die Szene zu sehen, wie muß er sie deutlich gehabt haben, wie endgültig bis ins kleinste Detail hinein, ehe er sie so kompliziert und vielfältig in die plastische Form übertragen konnte.

Ein Kardinal soll ihm demütig den Spiegel gehalten haben, als er sich selbst porträtierte – theatralisch, pathetisch auch diese Geste. Aber man kann sie verstehen!

ROM

Caravaggios Malerei

Nicht pathetisch, kaum theatralisch, ganz realistisch – so malt der Maler, der mit einem genialen, zündenden Schlag die schwächlich erdachten Malereien des Manierismus überwindet und lebensvoll, originell, höchst selbständig in Rom die Barockmalerei eröffnet: Caravaggio.
Der Architekt Borromini, der Bildhauer Bernini, die beiden waren noch Kinder, als der Maler starb. Er erfuhr leidenschaftliche Ablehnung – vielleicht auch wegen seines modern-genialischen und nicht eben sympathischen Verhaltens – und ebenso entschiedene Anerkennung; Nachahmung sogar, bis hin zu den süßlichen Salonstücken des 19. Jahrhunderts. In der Kirche S. Luigi dei Francesi, nahe der Piazza Navona, malte er die Contarelli-Kapelle mit Szenen aus dem Leben des heiligen Matthäus aus, und unter ihnen ist die »Berufung« die erstaunlichste. Denn nichts gemahnt den Betrachter auf den ersten Blick an eine Heilsszene, nichts verrät den religiösen Zusammenhang. Matthäus war ein Zöllner. Der realistisch denkende Maler verlegt also die Szene seiner Berufung in das Kellerzimmer einer Zollstation und erweist sich überdies als mit dem Alltag vertraut: Denn wo Kleingeld eingenommen wird, da kommt schnell und unter der Hand ein »Spielchen« zustande, ein Glücksspielchen um Geld. Zwei junge Burschen, köstlich gewandet, haben sich daran beteiligt, ein anderer – er hat einen unwiderstehlich leuchtend roten Streifen im Oberwams – beugt sich gierig über den Tisch, um seinen Gewinn zu zählen; ein Alter mit Brille schaut diesem interessiert über die Schulter. Wie dessen Brille über den alternden Augenhöhlen hängt, ist ein Meisterwerk für sich.

Caravaggio: Die Berufung des hl. Matthäus

Derjenige aber, der noch mit der Rechten die Münzen aufzählt, der mit der Linken auf sich selber weist, ungläubig fragend: Wer? Ich? – Der ist Matthäus. Und nur sein hell beleuchtetes, zweifelndes Gesicht ist herausgehoben aus der Banalität der Spielszene, die dem Maler aus dem eigenen Leben nur allzu gut bekannt war. Matthäus' Gesicht zwischen Zweifel und Erschrekken sagt etwas aus über das Berufensein, das keine Auszeichnung, sondern ein unentrinnbares Schicksal sein wird.

Und der dieses auferlegt, der die Berufung ausspricht, wahrscheinlich erkennen wir den erst jetzt, indem wir dem aufgerissenen Blick des Matthäus folgen und der hellen reißenden Lichtbahn, die quer durch das Bild schlägt. Christus steht mit seinem Begleiter ganz im Dunkeln, dennoch geht alles Licht von ihm aus: Fordernd, gebieterisch, unausweichlich. Tatsächlich ist der schmale Goldreif des Heiligenscheins das einzig »Heilige« in dem ganzen Bild, aber die erhobene, ausgestreckte Rechte Christi, sein halbseitig erleuchtetes Gesicht, die Kraft, die von dieser im Dunkel so überirdisch erhellten Gestalt ausgeht, das alles sagt mehr, als eine Häufung von Symbolen es könnte.

Die Heilsgeschichten des Neuen Testaments waren seit den Tagen des frühen Christentums dargestellt worden. Matthäus als Evangelist, auch als Märtyrer; das war so bekannt, daß man sich zur Zeit des Caravaggio um 1600 eigentlich immer nur dies Bekannte vorstellen konnte: Matthäus mit seinem Symbol, dem Engel, wie er von Kanzeln, Taufsteinen oder aus den Gewölbezwickeln der Kirchen herabschaute. Für ein so bekanntes Thema eine neue Form zu finden, ist undenkbar schwer, dem durchschnittlichen Maler wahrscheinlich unmöglich. Es bleibt dem Genie vorbehalten, und als ein Genie verrät sich Caravaggio in seiner »Berufung«, deren malerische Qualität und deren farblichen Reiz man natürlich nur am Original erfahren kann. Denn wie das blinde Fenster über der Szene in die Fläche gesetzt ist, wie das von einer nicht zu erratenden Quelle ausgehende Licht scharf begrenzt, in sich aber weich modelliert auf der großen Wand spielt, das wirkt beinahe »modern« im besten Sinne. Mit welcher Sicherheit das Schwarz-Weiß des vom Rücken gesehenen Sitzenden breit hingestrichen ist, wie goldseiden das Wams die Gestalt des ihm gegenübersitzenden Jungen einhüllt, das alles verrät den Maler, der nicht nur Einfälle hat, sondern sie auch mit Meisterschaft umzusetzen vermag.

Das scheint Caravaggio gerade bei der Berufungsszene leicht gefallen zu sein, die Unterzeichnung des gegenüberliegenden Martyriumsbildes enthält viel mehr Korrekturen und Änderungen. Hier bei der Berufung scheint nur die Christusfigur ursprünglich anders geplant gewesen zu sein, so nämlich, wie jetzt die Begleitfigur, von hinten gesehen.

Zwei große Namen könnte man bemühen, wenn man das Bild in den Zusammenhang der Kunstgeschichte setzt: Rembrandt hinsichtlich der Ausdruckskraft von Hell-Dunkel – doch Rembrandt war 1600 noch gar nicht geboren – und Michelangelo Buonarotti, was den ausgestreckten Finger Christi anbelangt. So nämlich, mit gleicher Geste, erweckt Gottvater den Adam in der Sixtinischen Kapelle. Mag Caravaggio diese gekannt haben – was kaum zu bezweifeln ist – sein Werk ist ein anderes, wie auch seine Zeit eine andere war. Und mit dem Genie der Renaissance, Michelangelo Buonarotti, verbindet ihn, den Meister des Barock, nur der Vorname, auch er heißt Michelangelo, aber Caravaggio.

Psychologische Kofferstudie

Das Verhältnis des Europäers zu seinem Koffer ist reziprok dem eines Südländers zu einer schönen Frau.

Dieser liebt sie abgöttisch, solange er sie sieht, und vergißt sie völlig und unbeschadet an Leib und Seele, sobald sie seinem Gesichtskreis entschwindet.

Der Europäer haßt seinen Koffer, solange er ihn sieht, er ist zu voll, zu schwer, zu lästig –, und das nächste Mal reisen wir mit weniger Gepäck. Aber alle Zärtlichkeit der Welt, die Hinwendung aller Gedanken, ein elementares Aufflammen aller Leidensehaft ergreift ihn, sobald das Ding seinem Gesichtskreis entschwindet.

Gut, er hat schulisch begriffen, daß sein Koffer am Flugschalter von ihm getrennt, gewogen und automatisch transportiert, gewendet und von einer Klappe verschluckt wird, daß er unsichtbar unter ihm im gleichen Flugzeug reist. Er hat das mit dem Verstand begriffen, aber nie mit dem Herzen geglaubt. Er glaubt auch nicht, daß dieser sein einzig und alleiniger Koffer am Zielort lautlos wieder erscheinen wird, auf diesem perfekt automatischen Band, auf dem so schrecklich lange Zeit gar nichts und nun schon seit Minuten lauter unwichtiges Zeug herumfährt: Pappkartons, Golfschläger in Lederhüllen, Geigenkästen und Kosmetiksets. Das Objekt seiner Leidenschaft, das Ziel seiner Wünsche erlangt in den schmerzlichen Minuten ungläubigen Wartens einen Wert, dessen Höhe sich zwischen einem Zweifamilienhaus und einem wohlsortierten Wanderzirkus bewegt. Zärtlich verdichtet sich der Gedanke an den Geliebten zur Vorstellung seines reichen Innenlebens, der unentbehrlichen Medizinbox, den bequemen Sandalen, dem leichten Hemd, dem seidenen Pyjama, der Scheckkarte – ein Zucken überläuft bei der Vorstellung dieser die Züge selbst des stärksten Reisebären.

Zärtlichkeit und Sehnsucht verblassen, ein Gefühl nur verdichtet sich: Katastrophe. Das muß der Zustand sein, aus dem heraus Werther Hand an sich legte; denn schon haben fast alle anderen ihre Gepäckstücke abgehoben, schon hört man ringsum Gelächter, Erleichterung, Scherze, Banales, schon krümelt es langsamer aus dem Metallschlund:

Weiß ..., schwarz mit Rädern ..., klein und braun ..., aluminiumsilbern ..., da! Blau! Mittelgroß! Endlich! ...

Und nun frage ich Sie, was geht in der Seele dieses wartenden Europäers vor, in den drei Sekunden, die der geliebte, ersehnte, der Gegenstand aller Spannung braucht, um das Band ein halb Mal zu umrunden und zum Standort seines geprüften Besitzers zu fahren? Unwirsch wuchtet der seinen Koffer vom Band, versetzt ihm einen wenn auch schonungsvollen Tritt in die Seite, winkt einen Träger heran und sagt mißlaunig: »Nehmen Sie mir um Gottes willen dieses Monstrum ab!«

CAPRI

Hochmut kommt vor der Grotte …

… der blauen nämlich, auf Capri. Und eigentlich nicht auf, sondern unter Capri, denn sie liegt gut fünfzehn Meter unter dem Meeresspiegel. Wir Gebildeten wissen auch, daß sie eine abgesunkene Karsthöhle ist und schon den Römern bekannt war. Wir wissen sogar, daß sie in den *Historiae Neapolitanae* von Capaccio 1607 erwähnt und in einer Karte von Coronelli 1696 eingezeichnet, daß sie wieder 1703 und 1725 beschrieben worden ist, daß aber ihre eigentliche Entdeckung erst 1826 erfolgte, durch den deutschen Schriftsteller August Kopisch, den Maler Ernst Fries, den einheimischen Herbergsbesitzer Giuseppe Pagano und vor allem den Fischer Angelo Ferraro. O hätten sie geschwiegen, diese glücklichen Pioniere!

Denn nun begann die Geschichte einer ungewöhnlichen Touristenattraktion. Sie begann anspruchsvoll mit dem Gedicht August von Platens 1827 und mit exakten Beobachtungen von Ferdinand Gregorovius und Helmuth von Moltke, setzte sich dann fort mit einer Fülle von romantischen Gemälden und Skizzen bis hin zum tintenblauen Kitsch und zum zweifelhaften, zwielichtigen Roman »Prinz Kuckuck« von Julius Otto Bierbaum. Sie gipfelte schließlich in der drängenden Eile, mit der heute hundert und aberhundert Besucher, von Dampfern in kleinste Boote umgeschichtet, für drei Minuten in der Grotte herumgerudert und rasch wieder abtransportiert werden, um den nächsten Platz zu machen. Platz? Drinnen muß es wimmeln von fünf, sieben, zehn Kleinbooten zugleich, und es ist nicht auszuschließen, daß einer anstimmt »Warum ist es am Rhein so schön?«, um die Akustik zu prüfen. Man denke nicht, daß der Gesang eines Einheimischen

Capri (Stich des 19. Jahrhunderts)

besser wäre, und erwarte nicht, daß der gutgelaunte Mann am Ruder etwas anderes erzählt als blutig-rote Liebesgeschichten, die er immerhin wenigstens dem Kaiser Tiberius anhängt. Man hat es unzählige Male gelesen, daß man sich im Kleinboot auf den Boden kauern muß, um bei der schwierigen Einfahrt nicht den Kopf zu stoßen, daß das Einfahren bei Seegang unmöglich ist, daß nur die Vormittagsstunden dafür gut sind, wenn die Sonne draußen auf's Meer scheint und ihr Licht innen indirekt den berühmten Farbeffekt erzeugt. Wer auf Capri weilt, will in die Grotte; von Sorrent und Neapel reisen die Leute hierher, von Ischia eilen sie herbei, Kreuzfahrtenschiffe unterbrechen hier ihre Fahrt, es gibt zusätzlich einen Hubschrauberdienst – alle und alles strebt zur blauen Grotte.

Um alles in der Welt, warum müssen wir auch dorthin? Sind wir nicht Besseres gewohnt? Locken uns nicht einsame Klöster mehr? Könnten wir nicht lieber die Reste der Villa des Tiberius oben auf dem Berg durchforschen, römisch immerhin, historisch

interessant? Wir müssen zur Grotte, es steht im Programm, und lustlos werden wir diesen Punkt heute abend abhaken.
Die erste Überraschung bestand darin, daß viele seekrank wurden, aber das ist für den, der es nicht wird, nicht essentiell. Die zweite war die Einfahrt in eine mausgroße Öffnung, ein Nadelöhr, ein flach gedrücktes Schlüsselloch mit Eisenketten, an denen man sich flach liegend per Hand einschleusen mußte. Wenn nichts weiter, so war das wenigstens sportlich. Und drinnen – das war keine Überraschung mehr, sondern ein Wunder – da war eine Höhle, die alle Sinne zugleich veränderte. Sie dämpfte jede Wahrnehmung, nicht nur die akustische, sie schloß sich wie eine große Hand behutsam um uns alle und vermittelte ein Gefühl großer gelassener Geborgenheit. Wahrscheinlich lag es am Wasser, das uns trug und das in einem geschlossenen Innenraum anders, unwirklich, still und außergewöhnlich wirkt. Und dieses Wasser – tatsächlich, da war er, der Blau-Effekt, den die Prospekte preisen und die Maler bis zum Überdruß verkitschen! Ein Blau, wie ein ausgespanntes, gerade gezogenes, umgekehrtes und verflüssigtes Himmelsgewölbe. Eine Fläche, so still, als würde sie von Booten und Rudern nicht verletzt und so blau, als dränge ein ununterbrochener Farbstrom lautlos aus einer nicht auslotbaren Unendlichkeit von unten herauf und verbreite sich unmerklich und immer neu bis an die nur zu erahnenden Ränder des Felsens. Und da plötzlich war auch das erste Silber, flüchtig nur, nur für den Augenblick, da das Ruderblatt eintauchte; es schien sich mit weißem Metall zu überziehen, es blitzte einmal schneesilbern auf und war gleich wieder stumpf und braun. Und da kam mir ein guter Gedanke.
Nach zwanzig Minuten erst sollte das Farbspiel, sollte die Illusion unserer Augen vollkommen sein, ich bestach den Bootsmann, ich stieg dann mit neuer Bestechung zum nächsten, gerade erst einfahrenden um, ich blieb wahrhaftig länger als eine Viertelstunde in einem Wunder von Blau und Silber, von Wasser und Höhle, Geborgenheit und Raum. Man erlebt einen Raum nicht, wenn er zu groß, man fühlt sich beengt und unwohl, wenn

er zu klein ist; hier war richtiger Raum, das Gefühl von Raum schlechthin, abstrahiert von Maß und Proportion. Und das Blau schmerzte fast in seiner Eindeutigkeit. Da, wo es jemand zu verletzen suchte, eine Hand eintauchte, ein Ruder; da, wo die Bäuche der Boote sich eindrückten, da schützte es sich, indem es das Fremde, das Eingetauchte mit Silber überzog, rein und ungebrochen und immer stärker, immer dichter, je länger das Spiel währte. Kein ausstudierter Künstler hätte es besser wählen können, das Silber zum Blau, kühl beides, kühl in der natürlichen Wärme einer tiefen Grotte. Was störten die vielen Boote ringsum, was das Geplapper des Fischers, das Kreischen der großen Gören und – unvermeidlich – auch der Gesang? Das Gefühl, schwerelos zu schweben, war stärker.

Und wann immer ich seither nach Capri komme, wie alle Touristen strebe auch ich mit ihnen zur Grotte. Die Fischer kennen mich inzwischen als die, die zwanzig Minuten drinbleiben will und gut dafür zahlt.

Und wer meint, ich hätte dem vielen gemalten Kitsch einen weiteren, beschreibenden zugefügt – schon recht. Bitte hinfahren!

NEAPEL

Unbeschreiblich

Neapel ist gewiß nicht die Stadt, in der alles wohl überlegt, gut geordnet und verständnisvoll geregelt ist. Und doch hat gerade Neapel das schlechthin besteingerichtete Bildermuseum, das ich kenne. Ich wage nicht zu sagen, das besteingerichtete Europas oder der Welt, denn ich kenne nicht alle, aber ich kenne deren viele. Und tatsächlich, die Galerie in Capodimonte, hoch über der wirren Stadt gelegen, bleibt einmalig.

Wegen des Bestandes?

O ja, da gibt es einen ganzen Saal voller Tizian-Bildnisse, da knistert es von Atlasgewändern und funkelnden Intrigen, da schleicht und flüstert heimliches Leben in den gebrochenen Kleiderfalten, da strahlt ein Blick, da verfinstert sich eine Faust, da kann man lernen, was es heißt, Porträt zu malen und mit dem Porträt des einen das einer ganzen Familie, deren Aufstieg und Fall, deren Katastrophen und Triumphe; da kann man erfahren, wieviel Zeit, wieviel Historie ein Pinsel vermitteln, mit wie gigantischer Schöpferkraft ein Maler wie Tizian uns über Jahrhunderte hin erschüttern kann. Da hängt auch seine Danaë im Goldregen – was für eine Haut, welch ein Gold, welch eine Sinnlichkeit, welche Reife. Nicht nur, weil das Werk aus Tizians reifster Zeit stammt, auch weil die Reife der Dargestellten dem goldenen Zeus Beglückung verspricht. Und natürlich sind da, für viele unerwartet, die beiden köstlichen Bilder von Pieter Bruegel, die mit verstecktem Sinn aber den Sinnen greifbar den Blindensturz und den Misanthropen zeigen. Auf einem stürzen die wüsten Gestalten, die einander nicht führen können, in den Graben; klare, große Farben, nichts von Tizians künstli-

Bucht von Palermo (Stich des 19. Jahrhunderts)

cher Belebung; Bruegel hat offenen Witz, eine Deutlichkeit, die derb scheint, aber nur wahr ist. Auf dem anderen Bild klagt der Heuchler, der Geldbeutel unter der Kutte verrät ihn. Trotz der kritisch tadelnden Moral, die sonst eigentlich einem Bilde eher abträglich ist, kann man sich an Bruegel nicht satt sehen. Das alles ist einmalig schön, aber andere Galerien haben andere, einmalig schöne Bilder.

Die Beleuchtung also?

Ist wie überall, teilweise eher schlechter.

Der Ausblick?

Tatsächlich, *wenn* man irgendwo aus einem Fenster schaut, sieht man den Park und die Stadt, aber das kann man in der Kasseler Gemäldegalerie gerade so gut.

Der Service vielleicht?

Der in der Nationalgalerie in London ist nicht zu übertreffen, in Neapel sind die Aufseher viel zu sehr mit dem Abschätzen lebendiger weiblicher Besucher beschäftigt, als daß sie jemals die unbrauchbaren Weiber auf den gemalten Bildern auswendig lernen könnten.

Nein, in Capodimonte tritt man, gerade wenn man Bruegel und

Konrad Witz verschlungen hat, in eine Cafeteria ein. Man kann sie durchqueren und den Gang durch die Bilder der Jahrhunderte ungerührt fortsetzen, aber ich möchte den sehen, der nicht dankbar auf einen Stuhl sinkt, gerade in dem Augenblick, da der Geist gesättigt ist, und der Körper anfängt, am bekannten, im Rücken beginnenden Museumsschmerz zu leiden. Das Unvergleichliche dieses Erfrischungsraumes ist, daß er mittendrin liegt. Fast alle großen Museen haben ja einen solchen, aber immer heißt es, die müden Füße erneut zu strapazieren, um ihn zu erreichen. Immer muß man, gestärkt zwar, aber der Müdigkeit durch die Pause erst recht innewerdend, all das wieder durchwandern, was man schon gesehen, um das zu erreichen, was man noch nicht gesehen hat, mit dem bangen Zweifel im Herzen, ob ein Kaffee dieses Mehr an Metern, an Kilometern aufwiegt. In Capodimonte gibt es keinen Zweifel, der Kaffee drängt sich einem auf, das Ausruhen ist ohne Reue, und vor allem: Von hier kann man über die Stadt blicken wie nirgends sonst: Dom und Hafen, den Vomero und den Vesuv sehen, von hier hört man nicht mal das Bellen der ewig hetzenden Automeute, von hier sieht man Capri am Horizont und hier denkt man: Wie ist diese Stadt schön! Sie sehen und sterben, hieß es früher. Das gilt auch heute, nur anders: Man stirbt im Straßenverkehr oder an Industrieabgasen. Und »Sehen« stimmt darum nicht, weil die Großstadt nicht mehr zu überblikken ist, wir müssen sie partiell sehen, und wahrhaftig, da gibt es Höhepunkte!

Nur scheint mir, Neapel wäre, wie kaum eine andere Stadt geeignet, insgesamt erlebt zu werden. Sie ist nicht mehr zu überblikken, aber doch überall dicht und vorhanden. Wenn die Hand eines Menschen den gleichen Ausdruck trägt wie sein Gesicht, wenn die Geste eines Menschen genügt, ihn ganz zu charakterisieren, so ist ganz Neapel in jeder Gasse, jedem Platz, jedem Balkon oder Mauerstein. Es ist im Chaos dieses Verkehrs und im Elend magerer Kinder, in der Pracht barocker Kirchen und in den Majolikafarben eines originellen Kreuzgangs; der Priester trägt Neapel in seiner Stola, die Dame in ihren hohen Absätzen und der Kellner in seinem Revers. Es lebt in der Galleria Umberto, einer mit Zier überladenen, kreuzförmigen Einkaufspassage des vorigen Jahrhunderts und auf dem Blumenmarkt neben dem männlichen Castel nuovo, es liegt im Müll am Straßenrand und in der obszönen Schmiererei an einer Hauswand.

Man kann sich ärgern in Neapel: Weil man beraubt oder überlistet worden ist, weil der Verkehr einem den Atem raubt und der Lärm das Trommelfell martert, weil man auf offener Straße belästigt wird und nicht nur durch Blicke oder Worte. Man kann leiden in Neapel, weil man sieht, wie eine Mutter ihre noch nicht entwickelte Kinder-Tochter für die Nacht verkauft. Man kann sich ängstigen in Neapel, weil einem irgend jemand Drohgesten zeigt, die man weder versteht, noch veranlaßt zu haben glaubt. Aber wenn man nach allem abends schlafen geht, hat man immer ein großes Gefühl: Gelebt zu haben.

Natürlich kann man auch lachen in Neapel: Wenn z. B. eine Fußballmannschaft auf der Wäscheleine hängt, diese in enger Gasse von Haus zu Haus gespannt und darauf, sauber nebeneinander und groß numeriert, elf rote Sporthemden. Oder wenn vom winzigen Balkon oben zum winzigen Balkon schräg drunter ein Streit zwischen zwei Frauen explodiert, rabenschwarz die eine, bunt berockt die andere, wenn mit dem Crescendo ihrer Stimmen auch die Menge derer wächst, die drunten in der Gasse stehenbleiben und zuhören. Auch wenn man kein Wort versteht, rollt sich einem das »rrr« knurrend ins Ohr, gipfelt das hohe A in einer drohenden Grelle, springt eine Kaskade von *u* und *emme* über einen hin und reißt einen mit in die Tiefe. Wer versteht, hat einen Genuß mehr, der feuert an. Gelächter auf der Straße, aufmunternde Rufe, ein Peitschenschlag von unten, griffiges Glissando von oben. Wo nur die Leute die Zeit hernehmen, stehenzubleiben und zuzuhören? Hat man in Neapel mehr Zeit als anderswo? Nein, aber man lebt intensiver. Und als eine der streitenden Frauen ins Haus zurücktritt und die Menge sich zerstreut, wendet sich einer zu mir und bedeutet mir: Finito! Der Streit ist für heute aus, die Vorstellung zu Ende. Geh weiter, such Dir ein anderes Theater, es gibt deren genug in Neapel und immer auch Publikum! Meine Mutter, die vor genau hundert Jahren geboren wurde und Neapel nie gesehen hat, die erzählte von der Pferdebahn dort: Immer sprängen die Gassenjungen hinten auf, ohne zu bezahlen. Deshalb hätten die Kutscher in Neapel besonders lange Peitschen, um nicht nur die Pferde vorn anzutreiben, sondern auch die Jungens hinten herunterzuschlagen. Ich weiß nicht, ob ich die Geschichte damals glaubte, aber eines entnahm ich ihr: Daß Neapel ein exotischer Ort sein mußte, ein besonderer, einer mit anderen Gesetzen, anderen Regeln, ein Ort, der sich nicht einordnen ließ. Zwischen Grauen und Zweifel taumelte meine Vorstellung von der Frechheit der Kinder, dem Schmerz eines Peitschenschlages, der Schonungslosigkeit und der Gefahr. Das gilt noch heute, und insofern war die Geschichte gut.

Sitzt man irgendwo mitten im Verkehr vor einem Kaffee, dann stellt man sich vor, daß Neapel hoch vom Himmel, aus der Weltraumkapsel sogar wahrzunehmen sei, das Quirlen der Farben, die Säule des Lärms müsse bis dort hinaufsteigen, auch die Schreie der Not und die Seufzer der Beglückung, bis hoch hinauf. Der Himmel müßte etwas tun für Neapel, aber er tut immer dasselbe und immer dasselbe nicht.

Neben mir am Kaffeehaustischchen sitzt ein kranker alter Mann, er hustet und spuckt Blut. Aber er sitzt hier im Freien, unter allen anderen und trinkt einen Aperitif; noch lebt er, und also nimmt er am Leben teil. Auf der anderen Seite sitzt eine elegante Frau, auf der Bühne oder beim Film geschult, das sieht man, jede Geste ist gekonnt, jede Bewegung ein Auftritt, das Haar von Natur üppig, das Gesicht offen und glücklich. Die Elenden gehen vorbei und schauen sie an, wie sie in ihrem weißen Sportdreß glänzt, niemand ist neidisch, jeder genießt sie. Sie ist schön, das freut alle. Ich höre, wie zwei Kellner ihr zugewandt und ganz erfüllt zueinander sagen: »Wunderbar, nicht?«

Überflüssig zu sagen, daß der Kranke und die Schöne im Schatten sitzen, nur ich, die Fremde, habe einen Sonnenplatz genommen, weil ich die Hitze liebe. Schließe ich die Augen, dann fühle ich sie in die Haut kriechen, heiß und heilsam, eine Erlösung von Krampf und Härte. Sie ist voll Staub, diese Hitze, sie riecht wie in Mexiko, man könnte den langen Flug in den fernen Kontinent sparen. Unter der Haut spürt man das Blut kochen, unter den geschlossenen Augenlidern fließt es sammetrot. Das Blut regiert diese Stadt, es pulst durch die Gassen, strömt in den Brunnen, tropft von den Wäscheleinen. Am Anfang des christlichen Neapel steht das Blut des Märtyrers Januarius. Es ist der Trost dieser Stadt, ihr Schutz bei Gefahr, es stillt ihren Hunger nach Wunder, wenn es sich immer wieder in den heiligen Ampullen verflüssigt. Vor diesen, in ihrem Anblick, auf den Stufen des Altars versuchte ein neapolitanischer Priester einst, mich zu verführen.

NEAPEL

Vorsicht, Krippen!

Die merkwürdigen Wetterregeln des Südens haben sich noch nicht überall herumgesprochen. Daß März und April, diese Monate mit Frühlingshoffnung und -erwachen, mit Ostern und den ersten Ferien, daß die dort kalt sind, regnerisch, windig und unberechenbar, niemand glaubt das so recht. Und deshalb gibt es zu dieser Zeit nicht nur das enttäuschende Wetter, sondern zusätzlich das Gedränge all derer, die auf besseres hofften. Kühler Wind dringt empfindlich durch fesche Kostüme und seidene Blusen –, man fuhr ja südwärts, dem Frühling entgegen und hat nichts Wärmeres mit. Da lobe ich mir den südlichen Januar!
Der unausrottbare Irrtum, daß italienische Hotels nicht geheizt seien, hält die Touristen zurück und schafft freie Bahn in den sonst überfüllten Museen. Die Sonne scheint, nicht warm, aber angenehm, und da man zu dieser Zeit ohnehin den Pelzmantel trägt, schon weil er bei der Abreise von zu Hause unerläßlich war, fühlt man sich rundum wohl. Hört man am Ticketschalter einer berühmten Galerie, wenn man einen Schwung Eintrittskarten kauft, den begeisterten Ausruf: »Ach, so viele, wie schön!« – dann möchte man den Bankhalter für diesen Ausspruch küssen, und er uns, nur dafür, daß wir kommen. Will man irgendwo zu Mittag essen, ich gebe zu, da kann es im Restaurant mit Steinfußboden und schlecht schließenden Türen kalt sein, dafür beugt sich der Wirt, der uns im April wegen Überfüllung anschnauzt und brutal aus dem Hause weist, dafür beugt er sich zum Tisch herab, gibt Ratschläge und holt den Elektroofen dicht bei. Der spuckt und brennt, und eigentlich ist ihm nicht zu trauen, er würde keinen TÜV überstehen. Aber er heizt. All das ist gut.

Neapel (um 1460)

Es gibt im Winter eine ganz andere Schwierigkeit, die zeitlich nicht sicher einzuordnen ist. Sie scheint spätestens im Dezember zu beginnen und sollte eigentlich im Januar enden; meine kühnen Hoffnungen reichten bis in die Tage nach dem 6. Januar. Irrtum! Auch im Februar gab es sie noch, noch Anfang März, und es ist fast zu befürchten, daß sie eine Dauereinrichtung wird. Ich meine die Weihnachtskrippen.

Genügt es denn nicht, daß es das hochberühmte, aus Olivenholz geschnitzte Christuskind in der Kirche S. Maria in Aracoeli in Rom gibt, das angeblich von Engeln bemalt worden ist, dessen Holz aus dem Garten Gethsemane stammt und um das sich Weihnachten die Kinder zur Kinderpredigt versammeln? Nein, überall in den Städten, Dörfern, Badeorten, in Domen und Wallfahrtskirchen, Feldkapellen und Baptisterien, in stilreinen Architekturen und modernen Repliken, überall Krippen. Je naturnäher, um so besser, je aufdringlicher in der Bemalung, umso größer in ihrer Wirkung. Da bildet echtes Leitungswasser einen »richtigen« See, und daß ein viel zu großer Zelluloid-Goldfisch drin schwimmt, ist eine Erholung, darüber kann man wenigstens lachen. Der Stern von Bethlehem wandert sichtbar von links nach rechts und fängt dann links wieder an – ein öder Job, was kriegt der wohl dafür? Irgendwo plätschert ein Miniaturwasserstrahl auf ein Mühlrad, das sich dann dreht, und die Könige sind bunt, die Maria ist blau, und alle haben den ergreifend törichten Ausdruck von Rummelplatzromantik und Schießbudenschönheit. Vögel, Bäume, echte Steine, wirkliches Stroh, warum ist das »Wirkliche« hier, wo es verkleinert im Ausschnitt existiert, plötzlich so viel wertvoller geworden? Da fand ja kein Übergang statt, keine Verarbeitung, es gibt gar keinen Abstand vom Objekt, es ist Stroh, einfach Stroh, und hier freut sich jeder darüber. Eigentlich vergleichbar dem, was in der zeitgenössischen Kunst geschieht und lauthals verschrien wird: Andy Warhol packt zwölf Seifenschachteln aufeinander und erklärt, dies sei sein Kunstwerk. Niemand kann ihm folgen. Was die Weihnachtskrippen betrifft, folgen alle gern.

Man hat sie klein und billig aus Papier geklebt, aufwendiger in Holz oder Keramik, sie sind magisch von unten beleuchtet, gewitzte Arrangeure machen die Lichtquelle identisch mit dem Stern, und alle lächeln gerührt. Der Talmi kommt an. Und da die Elektrotechnik es möglich macht, ertönt an manchen Krippen ununterbrochen von Dezember bis März »Stille Nacht« vom Tonband. Leise zwar, man kann es überhören, aber es wirkt homöopathisch, unmerklich eben doch. Ich kenne die Entschuldigung, daß dies sich an das schlichte Gemüt im Menschen wende, den Kindern zum Ausgleich gegeben werde, zum Ausgleich gegen Fernsehen und Lichtreklamen... Sind es nicht gerade dieselben Mittel, die da ausgleichen sollen, wenn auch, zugegeben, für eine bessere Sache?

Auf der spanischen Treppe in Rom stehen fast lebensgroße Krippenfiguren, und... Vorsicht!... sie erobern bereits den Petersplatz. Auf Wunsch des Papstes wurde 1982 dort ein dreizehn Meter hoher Weihnachtsbaum aufgestellt und eine Monumentalkrippe von 1840...

Auf dem Platz, der so wie er ist für das Christentum Zeugnis abgelegt und für eine Kultur, die sich aus ihm entfalten konnte. Auf dem Platz, in dem Kunst sich konzentriert, freilich übersetzt und abstrahiert und nicht vordergründig-billig, wie das bei Weihnachtskrippen zwangsläufig der Fall ist.

Das Merkwürdige ist, daß sie besser werden, je weiter man nach Süden kommt. Dort, wo der Kitsch regional die schönsten Blüten treibt, wo die Zeit blutiger Bänkelsängerhistörchen noch kaum vorüber ist, wo zwischen den Symbolen einer blutroten Räuberromantik und ihrer bitter mörderischen, Maschinenpistolen bewaffneten Wirklichkeit kaum ein Unterschied ist – dort gerade werden die Krippen erträglich, teilweise sogar schön. Der Räuberkitsch – und wenn man den Berichten glauben darf, so benutzt die moderne Camorra bei Einweihungsriten dieselben Symbole wie vor hundert Jahren: blutiger Dolch, flammendes Herz, Penis und Vagina, und all das so gräßlich primitiv, daß es Übelkeit erregt – dieser Kitsch also, der das Böse umkränzt wie das Gute, er ließe vermuten, daß die Krippen hier immer billiger im Effekt, in der Konzeption immer süßlicher würden. Das Gegenteil ist der Fall. In Neapel haben Weihnachtskrippen eine Tradition, die sie aus der platten Übernahme stets gleicher Motive heraushebt. Ein königlicher Entschluß liegt dem zugrunde. Karl VI. übertrug die Anfertigung von Krippenfiguren den geschulten Modelleuren seiner Porzellanmanufaktur

Capodimonte. Und damit eröffnete er eine Entwicklung, die von plumper Imitation zur Verarbeitung der Natur ging. Neapolitanische Krippen – man kann sie im Museum von S. Martino sehen – benutzen Kleiderstoffe, die extra für diesen Zweck gewebt worden sind. Man sieht es am Rapport der Textilien, sie sind nicht Reste von irgendwas, sondern maßgerechte Anfertigung. Neapolitanische Krippen entfalten Phantasie, sie überwuchern das Heilsgeschehen mit einem zwar naturalistischen, aber künstlerisch übersetzten Alltagsbericht.

Kein Stilbruch ist in ihnen, ihr Wert als kulturhistorische, als soziologische und volkskundliche Quelle wird mit jedem Jahrzehnt wachsen. Die Größe der Figuren verhindert, daß der Sinn ins allzu Verspielte, allzu Herzige abrutscht. Die Köpfe sind einzeln modelliert, keiner verrät ein Klischee, es sind Individuen, aufwendig in der Herstellung, denn wie gutes, auf der Glasur bemaltes Porzellan, wurden sie zwei Mal gebrannt. Das Beiwerk dieser Krippen, auf denen man unzählige Genreszenen durchläuft, ehe man die Hauptsache findet, das Beiwerk ist unzählbar: Schinken und Hämmer, Früchte und Hunde, Pakete und Ketten, Spaghetti und Eimer, Flaschenkürbisse und Käse, Körbe und Blumenkohl, Schusterahlen und Hühner, Ziegelmauern und Fahnen, Spielkarten und Turbane, springende Pferde und Engel, und der Golf von Neapel, ach ja richtig, und auch Maria mit dem Christkind. Das alles ist mit dem Anliegen äußerster Realität gestaltet, aber es ist gestaltet und nicht einfach gleichgesetzt.

Wer Krippen mag, sollte nach Neapel gehen; wer sie nicht mag, dort seine Einstellung korrigieren. Aber wer das übrige Italien im Winter besuchen will, der mache sich stark gegen Krippen, es könnte sonst sein, daß ihn körperliche Übelkeit, Schwindel und Erbrechen vorzeitig nach Hause zwingen.

Grüne Welle

Es geschah in Italien… Landesweit streikten die Berufschauffeure, speziell die Omnibusfirma, mit der wir zusammenarbeiteten, liebenswert speziell war auch das Angebot des Chefs dieser Firma.

»Unsere Busse stehen hier in der Garage. Sie können sich ruhig einen holen. Aber fragen Sie mich nicht, mit was für einem Fahrer.« Also fragten wir nicht, schlugen in Salvadores liebenswürdig angebotene Pranke und fuhren los.

»Rechts oder links?« fragte er. »Nach Viterbo«, sagte ich.

»Rechts oder links, hab' ich gefragt.«

»Ach so«, nickte ich verständnisvoll und breitete die Straßenkarte vor ihm aus. Aber was nützte ihm ein menschlicher Finger auf einer roten Linie in einem toten Atlas. »Rechts oder links?« beharrte er.

»Rechts«, seufzte ich, die Straßenschilder im Auge, lichtvolle Ausführungen über die Geschichte der Päpste im Kopf. Und dann erleichtert: »Siehst du, da ist es schon ausgeschildert.«

»Was?« »Na, Viterbo!«

»Ist es das, wo wir hinwollen?« »Viterbo, ja!«

Ich blies ins Mikrophon und begann von den Spannungen zwischen Päpsten und römischen Adelsfamilien zu reden; riesengroß tauchte der Wegweiser Viterbo links von uns auf. Strahlend fuhr Salvadore daran vorbei.

»Halt!« rief ich. »Zurück!« rief ich.

»Nach links!« rief ich. »Da war doch das Schild!«

»Wirklich?« wunderte sich Salvadore, stieß zurück, als wäre das lange Vehikel sein Hausschuh, bog ein, fragte: »Hier?« und fuhr. Er fuhr großartig, nur immer anderswohin als wir wollten. Er fragte morgens: »Wohin heute?« Und sagte ich »Orvieto«, fragte er nach 30 Minuten: »Wollten wir heute nach Neapel?«

Er leierte sein Fenster herunter, fragte einen Passanten: »Wo geht's denn hier nach –« und wandte sich zu mir zurück: »Wie hieß das, wo wir heute hinwollen?«
Ich wehrte mich lange gegen die Erkenntnis, daß er nicht lesen konnte. Ich verlegte meine diffizilen Exkurse über Piero della Francesca, die etruskischen Lukumonen und die Agramer Mumienbinde ausschließlich in die Museen und vervollständigte meine Kenntnisse fremdländischer Straßenschilder. Daß wir trotzdem überall ankamen, war ein Wunder; daß Salvadore bei vollem Appetit blieb und ungebrochen strahlte, ein anderes.
Als ich dem Himmel bereits erleichtert danken wollte, weil wir nur noch Autobahn bis Florenz vor uns hatten, erreichte mich ein nächtliches Telefongespräch von Salvadores Chef.
»Ich muß Ihnen etwas Schlimmes sagen. Sie können morgen abend nicht mit Ihrem Schlafwagen ab Florenz fahren, die Bahn streikt.«
»Nein!« rief ich, »das tun Sie mir nicht an!«
»Ich nicht. Die Bahn«, sagte er. »Aber Sie können unseren Bus behalten und den Fahrer. Fahren Sie durch bis München, ich verrechne mit Ihrem Büro.«
»Bis München?« stutzte Salvadore als ich es ihm sagte: »Geht denn das? Ist da nicht das Meer dazwischen?«
»Nein«, tröstete ich, »nur Berge, und die schaffen wir.«
Und ich versuchte, ihm die Berge schmackhaft zu machen. Sie waren schön wie nie in ihrer sanften Abendstimmung. München kam. Die erste Verkehrsampel.
»Wenn Du 50 fährst«, erklärte ich, »ist die nächste Ampel auch wieder gerade grün ...«
»Quatsch«, grinste er. »Kannst mich doch nicht verkohlen ...«
»Aber nein«, schwor ich, »das heißt bei uns die *grüne Welle,* die Ampeln sind aufeinander abgestimmt, probier's mal, fahr 50!« Er tat es; vorn die Ampel war rot.
»Siehst du, was sag ich. Rot. Das kann ja nicht anders sein ...« In dem Moment sprang sie auf Grün.
»Tatsächlich«, jubelte Salvadore. »Es klappt. Grün! Phantastisch.

Nochmal, warte, 50 – wieder! Wirklich Grün. Nein, so was! Und das nennt man *grüne Welle*? Jetzt hab ich aber was gelernt. Wenn ich das zu Hause erzähle …?«

Bei jedem neuen Grün hopste er ein wenig vom Fahrersitz hoch, die Dolomiten schrumpften zu Kieseln, der Sonnenuntergang zum Glühwürmchen, die Europabrücke zum Holzsteg – die grüne Welle schlug höchste Wogen.

Als wir uns trennten, mietete ich ihm ein Lotsentaxi, das ihn auf der Autobahn einfädeln sollte –, und betete ein Stoßgebet um grüne Welle für ihn bis Florenz. Aber niemand hat je erfahren, ob er dort angekommen ist.

BARI

Respektloser Krimi um zwei Bischofsstühle

An der Südseite der Nikolausbasilika in Bari liegt ein stiller, grell besonnter Platz. Er heißt Largo Elia, nach einem Bischof, der im 11. Jahrhundert in Bari herrschte. Kein verantwortungsbewußter Historiker, kein braver Reiseleiter würde dieses Verb im Zusammenhang mit der Person des Elias benutzen, er »herrschte« –, jeder weist nur auf die bekannten Tatsachen hin: Als Bareser Kaufleute im Jahre 1087 die Reliquien des heiligen Nikolaus aus Myra entführten – oder stahlen – und sie nach Bari brachten, da war der damalige Bischof Ursus gerade auf Dienstreise. Nach Canosa, was nicht mehr als seine Pflicht und Schuldigkeit war, denn Canosa war das ältere, das eigentliche Bistum seit dem 4. Jahrhundert, Bari nur die Concattedrale. Im 9. Jahrhundert waren nämlich die Bischöfe wegen der Sarazeneneinfälle aus Canosa nach Bari gezogen – oder sie hatten sich gerettet –, und dort gefiel es ihnen. Sie kehrten auch nicht zurück, als Canosa im 10. Jahrhundert wieder aufgebaut wurde, und sie machten sich die Sache einfach, indem sie ihren Bischofstitel verdoppelten, Bischof von Canosa und Bari. War der Hauptheilige in Canosa der alte Bischof Sabinus aus dem 6. Jahrhundert gewesen, ein persönlicher Freund des heiligen Benedikt von Nursia, nun, so konnte man dem Dom von Bari ein Sabinus-Patrozinium geben –, ein paar Heiligenknochen oder Heiligenklein ließen sich wohl als Reliquien von Canosa für Bari abzweigen. Hin und wieder mag es einen Bischof gegeben haben, der das Alter und die Würde des Ortes Canosa stark im Bewußtsein behielt, vielleicht bestrebt war, beides auch anderen bewußt zu machen, und ein solcher könnte Bischof Ursus von Bari und Canosa gewesen sein. Und es mag immer auch Kirchenmänner gegeben haben, denen die Mixtur Bari-Canosa widerstand, und ein solcher könnte Elias gewesen sein, zunächst nur Abt eines Bareser Benediktinerklosters.

Ein Mann wie ein Baum, ehrgeizig, tatkräftig, entschlossen, zornig, nicht über die Dinge des eigenen Lebens, sondern über die der Kirche, empfindlich, nicht für seine Person, sondern für die Institution, der er vorstand und für die Stadt, in der er lebte. Was sollte, so zürnte er, diese unablässige Erwähnung von Canosa? Hier im schönen Bari genossen die Bischöfe Seeluft und Sonne, hier genossen sie die Früchte des Handels, den die allezeit tüchtigen Bareser Kaufleute betrieben, wackere Kaufleute, die besten der Welt, dachte Elias, zuverlässig und unternehmungslustig, ihre Beweglichkeit machte das Leben in Bari schön, auch und gerade für den Bischof. Hatte man denn je von Handelsmessen in Canosa gehört? Und was war der dortige Dom verglichen mit dem hiesigen, Sabinus dort, Sabinus hier, es konnte einen wahrlich verdrießen, daß es immer wieder Gläubige gab, die nach Canosa zogen, wenn sie Sabinus verehren wollten. Rückständig, dumm –! Elias hatte als Abt eines Klosters wenig Möglichkeit, etwas dagegen zu tun. Bischof müßte man sein, dachte er, dann könnte man ungleich mehr bewirken.

»Bischof« dachte er, »Erzbischof« meinte er, denn das war der ihn am meisten schmerzende Punkt in allen Überlegungen, so bohrend und verletzend, daß er am liebsten gar nicht daran dachte: Seit 1025 war das Bistum von Papst Johann XIX. zum Erzbistum erhoben worden. Aber in der Urkunde stand nur Canosa, Bari wurde gar nicht erwähnt. Ursus also, der, der zum Ärgernis des Elias sowieso viel zu viel an Canosa dachte, während er es sich in Bari wohlsein ließ, Ursus war Erzbischof, Erzbischof von Canosa wohlgemerkt.

Elias war vielleicht ein Choleriker; wenn ihn eine Sache einmal ärgerte, nahm sie gewaltige Dimensionen an. Als er, so etwa im Jahre 1080 erfuhr, daß Ursus sich in Canosa vom Meister Romuald einen Bischofsstuhl arbeiten ließ, mit Elefanten als Stützen

Bischofsstuhl des Elias

und Adlern an den Tragebalken, und daß er ihn dort im verflixten Canosa in der Apsis wollte aufstellen lassen, da zerbrach er im Zorn einen Teil des Klostergeschirrs, das vor ihm auf dem Tisch stand, da schlug er die Faust drauf, da knirschte er mit den Zähnen und fühlte sich ohnmächtig. Aber er besann sich. So ohnmächtig war er vielleicht gar nicht. Er hatte seine Mönche, seine Gläubigen, seine Kaufleute.
Ganz überlegen, ganz spöttisch, aber dennoch ganz zurückhaltend streute er hier und da aus, die hoch verehrten Sabinusreliquien in Canosa, die wären gar nicht echt –, hahaha, welch eine Groteske, welch ein Witz eigentlich, aber, liebe Kinder, welch ein

Bischofsstuhl des Romoaldus

Betrug auch! Ihr, meine Lieben, werdet ihm nicht erliegen, Ihr seid ja klug, Ihr wißt ja Bescheid, aber die armen Dummen, die einfältig Frommen, weh über sie und alle jene, die sie arglistig täuschen. Obwohl solche Reden psychologisch meisterhaft aufgebaut waren, denn wer wollte schon zu den Dummen gehören, ließ die Wirkung für den ungeduldigen Elias zu lange auf sich warten. Sie zeigte sich tatsächlich, aber erst nach seiner Zeit und in umgekehrtem Sinne. Erst im Jahre 1101 fühlte sich Papst Paschalis II. bemüßigt, nach Canosa zu reisen und dort *coram publico* die Sabinus-Reliquien zu verehren, eben um zu zeigen, daß sie echt und heilig seien, was leider gar zu häufig bezweifelt würde.

Elias brauchte raschere Erfolge. Im Gespräch mit den ihm vertrauten Kaufleuten kam ihm plötzlich ein großer, ein ganz und gar neuer Einfall, ein Geniestreich schlechthin: Man müßte den alten Sabinuskult, der in Canosa zu stark und in Bari zu schwach war, durch einen neuen, ganz anderen ausstechen, einen, der nur in Bari existierte. Alle Kaufleute, die die Route nach Kleinasien fuhren, machten in Myra halt, um dort den Nikolaus zu verehren, einen Großen des Christentums, einen berühmten, wirksamen Heiligen, den Beschützer der Seefahrer, Gefangenen, Bäcker, Diebe, fahrenden Schüler, der Heiratswilligen und der Kinder.
»Sind seine Reliquien gut geschützt?« fragte Elias seine Seefahrer.
» Augenblicklich überhaupt nicht«, lautete die Antwort. »Da war kürzlich ein Erdbeben, alles geht drunter und drüber... «
»... und die Seeräuber...«
»... und die Griechisch-Orthodoxen«, nickte Elias fromm. »Was wäre das für ein gottgefälliges Werk, wenn man die heiligen Reliquien aus so bedrohter Umgebung retten, wenn man sie heimführen würge nach Bari, wo sie wohlbekannt und sehnlichst erwartet sind ...?«
»Gottwohlgefällig?« fragten die Kaufleute.
»Gott und dem Heiligen selbst wohlgefällig. Ein Rettungswerk, manch unlauterer Handel würde im Himmel dafür verziehen werden.«
Die Seeleute nickten ernst, baten den Abt um seinen Segen und stachen in See.
»Hört mal«, rief ihnen Elias vorsorglich nach, »wenn Ihr sie habt, wenn Ihr wiederkommt, lauft erst in den Hafen ein, wenn ich Euch ein Zeichen gebe. Die Stadt muß vorbereitet sein für solch einen Empfang!«
Diese Vorbereitung bestand für Elias aber nur darin, daß er den Zeitpunkt abpaßte, zu dem Bischof Ursus – Pardon, Erzbischof! – gerade in Canosa weilte. Ganz genau richtete er das ein, vielleicht indem er durch ein schnelles Boot Kontakt mit den tüchtigen Seeleuten hielt.
Als sie nun kamen, als die wundertätigen Reliquien mit from-

mem Prunk in Bari landeten, was lag da näher, als daß Elias sie in seine Obhut nahm? Und was war anderes zu erwarten, als daß Ursus, nachdem er wenig später heimkehrte, den kostbaren Schatz für sich forderte, für die Kathedrale, für das Bistum, für die Institution mit höherem Rang?

»Nein«, sagte Elias, »so nicht!« Und er versteckte sich hinter seine Kaufleute, die sich als so zuverlässig erwiesen hatten. Nicht er, sondern sie verweigerten dem Erzbischof die Auslieferung, nicht Elias, sondern sie griffen zu den Waffen, nicht unter den Klosterleuten, sondern unter ihnen gab es im Kampf um die Reliquien zwei Tote. Wollen wir einmal annehmen, daß Ursus schwächer aber menschlich besser war als Elias. Ihn erschreckte der blutige Kampf, er betrauerte die beiden Toten. Um Christi Barmherzigkeit willen, da mußte eine Lösung gefunden werden, die alle beruhigte. Er bot den Bau einer neuen Kirche an, einer ausschließlich für den heiligen Nikolaus bestimmten, groß, herrlich und für Pilger aller Länder offen, so schön wie die Kathedrale selbst, versprach Ursus, und so rasch, daß die Reliquien erst mal untergebracht und verehrt werden konnten.

Elias hätte zufrieden sein können, der Normannenherzog Roger Borsa gab den Platz und die Reste des alten Katapanspalastes her; Bau und Verehrung, Pilgerzüge und Wunder wuchsen gleichzeitig mit erstaunlicher Schnelligkeit; Bari gewann auf allen Ebenen. Schon 1089 wurde die Krypta der neuen Kirche geweiht; Papst Urban II. war anwesend, die Normannenherzöge Roger und Boemund, Ursus natürlich und – so unterstellen wir – Elias. Der beobachtete den Erzbischof argwöhnisch und kritisch. Ein schlapper Kerl. Da saß er nun inmitten all der neuen Möglichkeiten, die er weder verdient, noch bewegt, noch richtig erkannt hatte, und wenn da nicht ein dyamischer, klarsichtiger Mann an seine Stelle rücken würde, dann, wahrhaftig, war das große Werk am Ende vertan. Es ging ja nicht nur um Canosa und Bari, es ging auch um die Cluniazensische Reform, die durchzusetzen Elias in seinem Heimatkloster Cava dei Tireni gelernt hatte. Es ging ein wenig gegen die Normannenherrscher, mit denen Ursus so gut

auskam, es ging, recht betrachtet, um alles. Und wenn es um alles ging, dann war auch alles erlaubt.
Noch im gleichen Jahr 1089 starb Erzbischof Ursus. Er war nicht krank gewesen. Er starb überraschend von einem Augenblick auf den anderen, er starb so, daß es sofort hieß, er sei ermordet worden. Die Kunde seiner Ermordung wurde sogar in die historische Überlieferung aufgenommen, wenn auch in jede Quelle; keine einzige wagte zu sagen, warum und von wem er ermordet wurde. Elias hat es sicher nicht getan, denn der hatte seine Leute. Nun ja, Elias wurde des Toten Nachfolger! Und er gab einen Bischofsstuhl in Auftrag, für den er dem Steinmetz Bedingungen stellte: Er mußte außergewöhnlich sein, fortschrittlich, anders und viel, viel schöner als der, den Meister Romuald gerade für Canosa fertiggestellt hatte. Freie Figuren dran, nicht nur so flacher Reliefdekor, etwas, das die Blicke auf sich zog, das zum Nachdenken anregte und überraschte. Und es mußte eine Inschrift daran sein, die ihn, Elias, nannte und seine Herrschaft über Bari und Canosa. Es dauerte ein Weilchen, ehe ein so anspruchsvolles Stück fertiggestellt werden konnte, aber 1098 konnte Elias darauf sitzen, denn so sagt die Inschrift:
Inclitus atque bonus sedet hac in sede patronus presul barinus Helias et canusinus. Freundlich und gut sitzt auf diesem Thron der Herr und Bischof Elias von Bari und Canosa.
Vielleicht war Elias jetzt wirklich freundlich, da er seinen Ehrgeiz befriedigt hatte und seinem Tatendrang das richtige Wirkungsfeld offen stand. Aber ein Zug des Triumphes kann seinem Lächeln nicht gefehlt haben, wenn er auf diesem Stuhl thronte, der nun wirklich alles überbot, was Steinmetzarbeit solcher Art bisher geschaffen hatte.

BITONTO UND TRANI

Der schwarze und der weiße Dom

Der Vergleich geht immer zugunsten des weißen Domes aus: Trani. Zufällig liegt er so glücklich am Meer, daß seine steinerne Oberfläche, leicht abschattiert vom zartesten Ocker bis zum kreidigen Weiß glänzend gegen das stahlblaue, immer bewegte Wasser steht. Der andere, Bitonto, ist schwarz. Man sieht ihn nicht vor der Weite des Meeres, sondern von Häusern umgeben nach langem Durchqueren schmaler Gassen, in denen man sich vor ständig passierenden Autos, Karren und Motorrädern flach an die Hauswände pressen oder in einen Eingang flüchten muß. Das Wort *marciapiede* existiert im Italienischen – aber wozu? Denn die Sache, den Bürgersteig, gibt es nicht.

Aus einer solchen Gasse heraus tritt man dem Dom von Bitonto gegenüber und unterscheidet kaum Einzelheiten der Fassade, weil sie vor Alter und Staub schwarz ist wie der Schatten selbst. Die Denkmalpflege hat sie keineswegs vergessen, die Kirche des heiligen Valentin, aber sie hat ihr nie ein so konzentriertes Interesse, nie so viel Aufmerksamkeit und Mittel zukommen lassen wie der des heiligen Nikolaus von Trani.

Diese prunkt mit ihrer weißen Fassade über der Freitreppe, mit ihrer türkisgrün patinierten Bronzetür, mit den deutlich lesbaren Details der Bogenläufe, in denen Jakob von der Himmelsleiter träumt und das Zentaurenweib eine Artischocke pflückt, während ihr der krampfhaft gehaltene Hase entlaufen will. Der nackte Mann, der Zentaurin symmetrisch gegenüber, hält einen Vogel, der ihn schmerzhaft ins Bein beißt. All das sprudelt vor Phantasie und Aussagekraft, ist kenntlich und klar, denn die in Ansätzen vorhandene Vorhalle oben auf der Freitreppe ist ent-

Bitonto, Dom, Kanzelrelief

weder nie ausgeführt oder wieder abgebrochen worden; helles Licht also überall, klare Daten zur Bronzetür und ihrem Meister, dem Barisanus, der später auch in Ravello und Monreale Türen schuf, ganz ähnlich wie diese.

Bitontos Fassade zu lesen, erfordert mehr Mühe, wenngleich auch weniger an ihr zu sehen ist. Zuerst die große Gliederung: Vertikal durch Lisenen, horizontal durch Portale, Doppelfenster und die hoch im Obergaden liegende, von einer Archivolte umfangene Rose. Dann das Tympanonfeld, in dem Christus die

Erlösten aus der Hölle führt, und den Türsturz, der Szene um Szene in knappen Vokabeln Mariengeschichte erzählt. Phantastische Tiere, die die Säulen und die Archivolte tragen, ein feines Relief in den Bogenläufen – alles viel verhaltener als in Trani, bescheidener, denn kein selbstbewußter Bronzegießer lieferte hier eine Tür, die geeignet wäre, alle Aufmerksamkeit auf sich zu ziehen. Es gibt auch keinen Turm.

Den gibt es in Trani, himmelhoch und durchlässig, angeheftet an den von ihm überragten Bau, so daß man ihn unten durch einen großzügigen, innen reich geschmückten Bogen durchqueren kann. Folgt man ihm, gehorcht man dem Reiz seiner Öffnung, so steht man vor der Seitenfront, die wie so oft in Apulien mit Nischen eingetieft ist und für Licht und Schatten ein plastisches belebtes Spiel bietet.

Das findet sich auch in Bitonto; aber die Nischen sind tiefer, deutlicher, und vielleicht ahnt man hier, vor der Südfront beider Kirchen, zum ersten Mal, daß die schwarze Kirche von Bitonto dem Vergleich mit der weißen, schön gelegenen standhält. Denn unglaublich fein, wie ein rasches Spiel heller, einander gleich klingender Töne, begleitet eine Zwerggalerie die tiefen Klänge der Nischen. Hoch oben, dem bloßen Auge kaum sichtbar, erzählt ein Steinmetz an Säulchen und Kämpferplatten, was er von Sphingen und Löwen weiß, und von Pflanzen, die wie Spekulatiusformen flach in die Fläche geschnitten sind. Tragende Löwen ducken sich unter ihrer Last, daß sie wie zusammengeklappt aussehen, wie in technisch berechneten Gelenken eingeschnappt. Man glaubt, bei plötzlicher Entlastung müßten sie sich mit metallischem Ruck aufrichten und leise nachfedern.

Beide Dome haben ein Querschiff, bei beiden fluchtet es mit den Nischen der Seitenschiffe, bei beiden schwingen die Bögen der tiefen Nischen auch auf der Stirnseite des Querschiffs weiter, aber nun folgerichtig ganz leise, ganz flach, nur aufgeblendet auf die Querschiffsfront. Und bei beiden wird diese Front aufgebrochen und verziert mit Fenstern, Rosen, Archivolten, kleinen plastischen Szenen, vorkragenden Gesimsen. Dann Apsiden:

Trani, Dom

Flach wie Schornsteine wölben sie sich dreifach aus der Ostfront des Domes von Trani; glatt verkleidet verstecken sie sich in Bitonto hinter einer geraden Mauer. Aber damit diese nicht langweilig wird, auch hier nicht, wo man nicht aufgefordert wird, den Dom zu umrunden, sondern sich den Weg suchen muß und manchmal durch stinkenden Unrat läuft, – damit auch hier vor der glatten Wand keine Langeweile aufkommt, ist sie umschwungen von Blendbögen unter Sammelarkaden und aufgebrochen von einem Mittelfenster und einer Loggia. Sie liegt viel zu hoch, als daß von ihr aus jemand einen Segen hätte sprechen, zu hoch, als daß sie ein festliches Portal hätte abgeben können. Aber genauso wirkt der Maueraufbruch; wie ein festlich in die Höhe versetztes Portal, das nur dem plastischen Sinn des Architekten sein Dasein verdankt, sonst aber keinem praktischen Zwecke dient.
Und nun wieder ist Trani im Vorteil. Man kann die Kirche ganz umrunden; man kann, Meerwasser und Seewind von rechts, das Rauschen der Wellen unmittelbar im Ohr, die Nordseite passieren und wiederum vor der Fassade stehen.
In Bitonto muß man auf demselben Weg, an der Südseite zurück. Der Dom ist eingebaut, zugestückt, er kann sich nur nach Süden hin frei bewegen. Aber steht man nun wieder vor der Fassade, oder besser im Winkel, von dem aus West- und Südseite gleichzeitig sichtbar sind: Welche Geschlossenheit des ganzen Baues! Da ist keine Öffnung zu viel und keine leer gebliebene Stelle, da zieht eine Spannung durch Haupt und Glieder, die keine Müdigkeit zuläßt.
Tranis Fassade hat einen unerfüllten Leerraum zwischen der aufwendigen Bühne mit der Bronzetür und den viel weiter oben beginnenden Fenstern. Das macht nichts, der lebendige, nie langweilige Stein von Trani läßt das vergessen. Aber welch steinerner Reiz, welche Oberflächenqualität mag sich unter dem Altersruß von Bitonto verbergen? In einem großen Wurf, in einem tiefen Atemzug, in nur fünfundzwanzig Jahren zwischen 1175 und 1200 ist der Dom von Bitonto entstanden; man sieht es ihm an. Die Kirche von Trani hat eine lange, in Einzelheiten nicht zu

klärende Geschichte. Man kann in ihrem Innern hinabsteigen in das ganz frühe Mittelalter, hinab in ein Hypogäum, das im 7. Jahrhundert erwähnt wird und wahrscheinlich schon viel früher bestand. Man kann dann hinaufgehen in das, was heute die Unterkirche ist, einstmals wohl S. Maria della Scala hieß und dem letzten, dem prachtvollen Oberbau für den heiligen Pilger Nikolaus inkorporiert wurde. Diese einst einzige, heute als Unterkirche existierende, hat wohl bewirkt, daß die Eingangsfront der heutigen hochgelegt werden mußte, daß diese originelle Form einer Freitreppe vor der Westfront entstand. Und man kann noch einmal aus der Unterkirche, aus dem Säulenwald ihrer Krypta, aufsteigen in die Oberkirche, die von allem Barock gereinigt, so klar und licht unseren Sinnen wohltut. Die Denkmalpflege hat sie gereinigt, die barock verkrusteten Kapitelle abgeschliffen, so daß sie nur nackter Kern sind, aber durch keine falsche Form stören. Sie hat ein sachliches Gestühl eingebaut und alles darauf abgestellt, daß nur Raum, nur Proportion, nur reiner Stein und Licht zur Wirkung kommen. Wir atmen auf, ja *wir*! Der Mensch des Barock aber hätte geweint ob so untheatralischer Reinheit, derjenige des Mittelalters hätte die Zeichen des Kultes vermißt. Der Mosaikfußboden ist verloren gegangen, man kann ihn natürlich nicht imitieren. Waren Fresken an den Wänden –, welch ein Horror zu denken, daß man solche »im Stil« des 12. Jahrhunderts nachahmen wollte. Was die Denkmalpflege hier geschaffen hat, ist durch und durch richtig; so und nicht anders muß sie uns den Kirchenraum präsentieren. Aber er wird präsentiert, museal fast, gerade so, wie wir ihn sehen möchten, wie wir ihn zu sehen lieben. Und der Verdacht bleibt unüberhörbar, wenn auch unausgesprochen : Wie viel wurde an dieser Restaurierung vom Geschmack diktiert, von *unserem* Geschmack?

Dem trägt das Innere der Kirche von Bitonto keine Rechnung. Sie ist dunkel, sie hütet sich und uns. Auch sie hat eine Krypta, und lustig tummeln sich Paviane – oder etwas das so aussieht auf den Akanthusblättern der Kapitelle. Auch sie hat klare Proportionen, harmonische Wandöffnungen, hat die ernste Folge der

Arkaden. Aber sie ist zudem ausgestattet mit einem Taufbekken, mit zwei Kanzeln, von denen die eine alte Teile enthält, die andere das staunenswerte Wunder dieses Innenraums bildet. Am Triumphbogen, am Schnittpunkt von Lang- und Querschiff, am Eingang zu Vierung und Altarraum wölbt sich der Kanzelkasten als kassettiertes Halbrund nach außen, Emaileinlagen, Rosetten zieren ihn, und vor ihm prangt, vom nackten kleinen Menschen mühelos gehalten, der Adler, der seinerseits das Lesepult trägt. Sein stilisiertes Federkleid ist wiederum mit farbigem Email eingelegt, das aufgeschlagene Buch, das er stützt, mit dunkelroten Arabesken verziert wie ein sarazenischer Seidenstoff. »Protomagister Nikolaus 1229« sagt die Inschrift –, der gleiche Name wird für den Turm von Trani überliefert. Ob es auch derselbe Mann war? Langobardisches Flechtband ziert die Pfeiler der Kanzel, Löwen liegen auf schmalen Konsolen, greifbar runde Knäufe überragen den Kasten. Und am Treppenaufgang – welche Fülle! Da sitzt eine, da stehen drei Figuren, da füllt ein Vogel die untere Ecke, da greifen Männer an die Früchte des pflanzlich gestalteten Bogenlaufs. Staufisch-zeitgenössisch sind ihre Kleider. Es gälte nachzulesen, was über den Zusammenhang dieses Reliefs mit einer 1229 hier gehaltenen Predigt geschrieben worden ist, scharfsinnig, überzeugend und auch ein wenig von glücklichem Zufall unterstützt; denn welcher Historiker findet schon in den Vatikanischen Archiven genau diesen Predigttext und weiß ihn zuzuordnen?

Blickt man von dieser Kanzel hinüber auf das Apsisfenster aus Alabaster, nicht aus Glas, so füllt sich der Kirchenraum mit Geschichte, mit Vorstellungen, mit gelebtem Leben, das weiter und durch uns hindurchgeht, rücksichtslos und unbekümmert. Man möchte gern glauben, daß es nicht nur eine Namens- und Ranggleichheit, sondern daß es derselbe Mann gewesen ist, der hier die Kanzel, dort den Turm geschaffen hat und so den schwarzen mit dem weißen Dom verband.

OTRANTO

Das Fußbodenmosaik im Dom

Sie haben nie das Bedürfnis gehabt, sich zu bewegen, die riesigen Elefanten, die im Dom von Otranto am Eingang stehen und den Weltenbaum tragen. Sie sind unbeirrt in ihrer Ruhe, sie sind stark und groß, und das müssen sie sein, denn der Weltenbaum ist schwer mit seinen Ästen, Früchten und dreigelappten Blättern und allem Getier, das darin hockt, kriecht, fliegt und klammert, mit all den fabelhaften Ungeheuern, mit den Menschen und ihrer Last, den Menschen und ihrem Übermut, den Menschen und ihrer Sünde, den Menschen voll Haß und Hochmut, den Menschen, die gehorchen und erlöst werden. Vom Westeingang der Kirche bis hinein in den äußersten Scheitelpunkt der Apsis wächst und verzweigt sich das Mosaik, das der Presbyter Pantaleon 1163 aus Natursteinen gesetzt hat. Mehr als einmal nennt er im Verlauf des allumfassenden Bildes seinen Namen, deutlich in der Mitte des Ganzen, wo auch der demütige Diener Jonathan, Erzbischof von Otranto, als Auftraggeber geschrieben steht, und die Datierung nicht nur auf Christi Geburt Bezug nimmt, sondern auch auf das Regierungsjahr des Normannenkönigs Wilhelm. Und nicht nur dadurch, sondern auch durch viele andere Einzelheiten seines Werkes verrät sich der Künstler als ein hellwacher hochgebildeter Mann, der das Wissen seiner Zeit beherrschte und ihre politische Konstellation kannte. Hellwach und hochgebildet? Stimmt das wirklich? – so mag man fragen, wenn man den drastischen Pfeilschuß betrachtet, mit dem ein halbnacktes langhaariges Weib einen großen Hirsch verwundet. Hellwach? Wenn da ein Drache, stark und mächtig, einen Menschen verschlungen hat und eines der Beine komisch lebendig aus seinem Maule ragt?

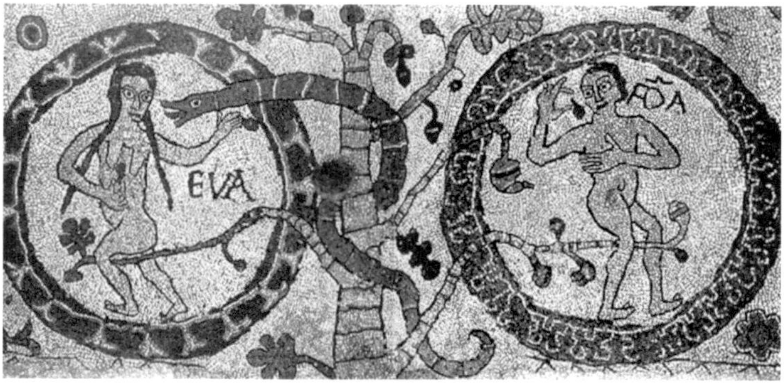

Fußbodenmosaik (Ausschnitt)

Fußbodenmosaik (Ausschnitt)

Wenn ein Löwenkopf vier Leiber in alle vier Himmelsrichtungen streckt und seine viermal wiederholte Mähne den Kopf wie eine naiv wiedergegebene Sonne mit Strahlenkranz erscheinen läßt? Wenn wilde Kerle mit Keulen aufeinanderschlagen und sich mit

Schilden schützen, die wie geflochtene Körbe aussehen? Wenn der Vogel Strauß Hufe hat und die Zentauren Trompete blasen und dabei ihre Schwänze miteinander verknoten als wär's ein Drahtgitter? Wenn der nackte Dornauszieher im Monat März sein Knie so abwinkelt, daß er die Fußsohle flach vor Augen hat, den Dorn wohl entfernen aber eigentlich das Kniegelenk brechen müßte? Wenn ein Menschenpaar auf einem Fisch reitet und das Weib, halb umgewandt, sich an dessen Schwanzflosse hält? Wenn Noahs Taube dicke Pfoten aus der Luft herabhängen läßt, so als könne sie besser in einem nie beobachteten Trippelschritt laufen, als auf ihren kleinen Schwingen fliegen ? Wenn der nackte Mann mit verschränkten Beinen auf einem Ast hockt und nach dem Flaschenkürbis greift, der Ast indes in einer Glockenblume endet, die größer ist als eine tief gestimmte Kirchenglocke mit deutlich erkennbarem Schwengel? All das Getier, halbmenschlich, halbphantastisch, all die dunklen Andeutungen einer frühen Vorstellungswelt, Drachen, Schlangen, Kriechendes, all das Gewaltsame, das sich in die Lüfte erheben könnte und doch am Boden bleibt und Beute zwingt, all das soll einem hellwachen Geist entsprungen sein? – einem für seine Zeit hochgebildeten sogar?

Da kommt Alexander der Große vor, wie er den gierenden Greifen Fleischbrocken vorhält und sie so veranlaßt, ihn mit sich in die Lüfte zu tragen. Da kommt König Artus vor, wie er den Katzendämon bekämpft, sogar von ihm getötet wird. Diese bretonische Legende gerade in einem ihrer selten erzählten Abenteuer bedeutet wohl Anerkennung, die der Künstler dem herrschenden Normannenkönig Wilhelm zollt. Denn woher sonst, als aus normannischer Tradition, wäre die Sage im tiefen Süden Italiens bekannt gewesen? Da wird die Jonaslegende erzählt, deutlich, richtig, in allen Einzelheiten, der König von Ninive bezeichnet, die bekannten biblischen Stoffe mit bester Kenntnis wiederholt, der Turmbau zu Babel, der Bau der Arche, die Axt, die gerade hier in den Stamm des sündenbeladenen Weltenbaumes geschlagen ist. Atlas, der die Welt trägt, Satanas und Infernus, letzterer an Händen und Füßen gefesselt, denn nach dem apokryphen Bartholomäusevangelium befreit Christus die drei Patriarchen aus der Hölle und schlägt Hades in Fesseln. Pantaleon, der Mosaikkünstler wußte das, er kannte alles: die Fabeln des Äsop, die griechischen Legenden, die Bibel und die Artussage und vor allem das Leben des Menschen, das durch Monate und Sternkreiszeichen geregelte Arbeit ist. Arbeit und Hochmut, Arbeit und Demut, Arbeit und Auflehnung, Arbeit und Erlösung.

Daß man dem Meister Pantaleon seine hohe Bildung im ersten Augenblick nicht glaubt, liegt eben an dem, was die Mosaikdarstellung so unvergleichlich reizvoll macht: Die Schwierigkeit, Gewußtes umzusetzen in lesbare Form. Der Kenntnis Gestalt zu geben, das muß ein Vorgang gewesen sein, der unaufhörliche Mühe verlangte. Und diese Mühe ist mitgestaltet. Vielleicht ist sie der Grund für das Entzücken, das einen packt, sobald man bei den stummen, zuverlässig ruhenden Elefanten angefangen hat die Darstellung zu betrachten, sie Zweig um Zweig zu verfolgen. Als wenn ein Genie in der Sprache des Kindes spricht: ganz ernst, ganz überzeugt, ganz durchdrungen vom Willen zum Ausdruck, und gerade da, wo die »richtige« Vokabel fehlt, wo sich zwangsläufig Komisches, Unvollkommenes ergibt, vielleicht gerade da in der Wirkung am stärksten. Gerade da, nach anfänglichem Schmunzeln oder auch lautem Lachen, ergreift einen plötzlich eine Scheu wie vor ernsten unbeirrten Kinderaugen.

Der ganzen unerschöpflichen Fülle liegt ein Programm zugrunde. Es wiederholt ununterbrochen die Lehre von der Erbsünde – Hochmut und Auflehnung – und verspricht Erlösung – Demut und Gnade. Und wohin immer sich Pantaleons Blick richtet, wohin immer seine wuchernde Phantasie ihn führt, er findet die Lehre überall wieder, er erklärt sie uns an allen Erscheinungen dieser Welt. Sein Werk naiv zu nennen, ist bereits Hochmut. Denn aus Millionen, farblich nur schwach differenzierten Steinen ein Gebilde wie dieses zu schaffen, ist schon handwerklich alles andere als naiv. Soll man ihn unbekümmert nennen, diesen zielbewußten Wanderer zwischen Wissen und Formen? Enorm groß beginnt er am Eingang, wo er die ganze Fläche der Kirche, Seitenschiffe und Apsis, noch vor sich sieht – Raum für all das Viele, das ihn bedrängt und das er sagen will. Klein und immer kleiner werden die Figuren, je mehr Raum verbraucht ist, je weniger für die Fülle des noch nicht Gesagten übrig bleibt, winzig sind Adam und Eva, Kain und Abel am Eingang der Apsis, kümmerlich der Katzendämon, der den stolzen Artus besiegt.

Er ist doch naiv, der Künstler Pantaleon! Und wenn kluge Wissenschaftler mit gutem Grund sagen, man müsse die Bilder von Ost nach West lesen, also in der Apsis beginnen und bei den Elefanten enden – ich kann das nicht glauben. Wo der Weltenbaum verwurzelt ist, da muß der Anfang sein. Wo Pantaleon groß zeichnet in der Überzeugung, noch genügend Platz zu haben, da beginnt er. Es muß ihn fast zerrissen haben, dieses Viele, das er sagen wollte und die Schwierigkeit, es auszudrücken. Denn auch uns zerreißt es fast, uns, die wir staunend, schauend und ungehindert mit unseren schmutzigen Schuhen über das Abbild des Universums von 1163 gehen.

Heil und Unheil

Das Königsheil –, erinnern Sie sich an den Begriff aus der mittelalterlichen Geschichte? Konrad I. glaubte, es verloren zu haben, verzichtete auf das Geblütsrecht seiner Sippe und designierte seinen mächtigen Widersacher Heinrich I. zu seinem Nachfolger. Der hatte es dann wieder, das Königsheil, und eigentlich brauchen wir es alle ein bißchen. Am dringendsten braucht es der Reiseleiter, und er braucht es in einer speziellen verzwickten Weise. Wenn nämlich von Anfang bis Ende seiner Reise alles gut geht, jeder Flug pünktlich, jeder Bus bequem, jeder Fahrer zuverlässig ist, etwa gar das Wetter noch schön und der Service in den Hotels ohne Tadel, nun, so würde man von seinem persönlichen Gnadenheil ja gar nichts merken. Wenn aber der Flug enorm verspätet wäre, und er durch puren Zufall die ganze Gruppe auf einen früheren umbuchen kann, ja, dann zeigt es sich! Wenn das Essen gut ist, – das soll ja wohl auch so sein. Wenn es aber miserabel war – vielleicht weil der Küchenchef einen Tag Urlaub hatte – und am nächsten Tag gut – einfach weil der Chef wieder da ist – und wenn dann der Reiseleiter seines Heils wegen verschwiegen lächelt ... welch ein unverdienter Erfolg.

Einmal kamen wir just in der Minute auf Schloß Windsor an, als die Bärenfellmützen und die Schottenröcke einen bunten Kriegstanz aufführten, diszipliniert versteht sich, als Wachablösung oder großes Exerzitium. Und unversehens umjubelte die Gruppe den Reiseleiter:

»Wie haben Sie das bloß wieder gemacht?

»Großartig! Welch ein Bild!«

»Und gerade in diesem Augenblick ...«

»Timing«, lächelte der Kluge mit einem Blick auf die Armbanduhr. Er war natürlich vollständig ahnungslos gewesen, und daß er das in diesem Augenblick nicht zugab, entsprang nicht seiner persönlichen Anmaßung, sondern nur seiner Erfahrung. Denn jetzt hatte er das nächste Mißgeschick gut, an dem er so wenig schuld sein würde, wie an diesem Glücksfall. Vielleicht deckten die Bärenfellmützen sogar den nächsten Regentag ab und die Sehottenröcke das wegen Restaurierung geschlossene Kastell. Man muß es anspeichern, das Heil, dann funktioniert es wirklich: Man latscht unaufmerksam einen falschen Weg entlang – und siehe da, er erweist sich als der kürzere. Man biegt anstatt in den Torweg zum Museum versehentlich in einen vorher am Weg liegenden ein und entdeckt einen hübschen Hof mit Galerie und Blumentöpfen, ein Fotomotiv. »Das wollte ich Ihnen nur schnell zeigen...!« Man steht irgendwo vor verschlossener Tür und trifft durch göttliche Fügung genau auf den untergeordneten Menschen, der den Schlüssel hat und dem man – ebenfalls durch Zufall und ganz ungewollt – voriges Jahr einen Gefallen getan hat. Das nenne ich das Reiseleiter-Heil. Wehe, wenn es einen verläßt! Wenn die Streiks so undurchdringlich werden, daß auch bei größtem persönlichen Einsatz nichts mehr geht, wenn man den spinnefeindlichen einheimischen Führern nicht mehr entgehen, sich nicht mehr mit ihnen arrangieren kann, wenn Lächeln und Trinkgeld an einer geschlossenen Grabung ablaufen wie Tropfen am Ölzeug eines vergrämten Seebären, wenn Witze verpuffen, Vulkane ausbrechen und man die Sicherheitssperren auch nicht um einen Meter umgehen kann, wenn man falsche Auskünfte bekommt und kein Zufall sie rechtzeitig berichtigt –, zittere,

König, Du hast Dein Heil verloren. Dennoch bist Du glücklicher als Konrad I. Du mußt nicht gleich kleingläubig einen Nachfolger designieren, Du kannst vertrauensvoll auf die nächste Reise hoffen. Sie könnte dein Heil wiederherstellen.

SIZILIEN

Einführung ins Sizilianische

Ein Streik ist schlimm aber klar. Nichts geht, man muß sich darauf einstellen und damit abfinden. Schlimmer ist der Tag nach dem Streik, der Tag, an dem jeder hofft, alles ginge wieder. Aber der Kehricht von gestern wird heute erst zusammengefegt, Flugpassagiere, die gestern nicht befördert wurden, verlangen das heute, und sie verlangen das gebieterisch vor denen, die ohnehin für heute gebucht hatten. Koffer, die stehen geblieben waren, werden wahllos irgendwo zugeladen, das Chaos derer, die darum *heute* stehenbleiben, verstopft alle Gepäckkanäle. Daß unter solchen Umständen eine Reisegruppe vollzählig am Zielort landete, ist fast ein Wunder. Daß es Stunden nach der vorgesehenen Zeit geschah, als schon das schräge Abendlicht den Flughafen Punt e Raisi beschattete, ist kein Wunder. Auch daß ein Koffer fehlte, auch das ist keines, daß es nur einer war – das wiederum ist fast ein Wunder. Keine Sorge, dies wird nicht die tausendundeinste Koffergeschichte, der Verlust erklärt nur die merkwürdige Konstellation, daß eine junge Dame mit nichts als einer kleinen Handtasche und eine alte mit Handgepäck und Fürsorge auf dem Flughafen den letzten Flug aus Rom abwarteten. Vier Stunden lang, in der Hoffnung, daß das vermißte Stück dann mitkäme.
Längst war die Gruppe mit dem Bus in das 100 km entfernte Hotel gefahren, längst war beschlossen, ihr mit einem Taxi in später Nacht zu folgen. Die junge Dame hatte sich zu einem so abenteuerlichen Unternehmen nur bereit erklärt, wenn die alte, verantwortliche, es mit ihr teilte.
Schnell fiel die Nacht ein und mit ihr ein Sturm, der die Autos umzustürzen drohte. Man sah nichts vom nahe gelegenen Meer,

aber man hörte es toben und tosen, rauschend wachsen und donnernd niederstürzen. Man dankte Gott, daß die gar nicht einfache Landung noch bei Wind stattgefunden hatte, vor seiner Steigerung zum heulenden Sturm.
Eigentlich ist es nicht langweilig, in Palermo irgendwo zu warten. Immer ist jemand da, der schwatzen will, immer gibt es eine Cafébar mit der unverwechselbaren Zeremonie: Zahlen, Zettelchen nehmen, zur Theke gehen, Zettelchen mit einem kleinen Trinkgeld hinlegen und den Wunsch wiederholen: Capuccio, Bitter, Sambuca mit der Fliege … Immer auch gibt es etwas zu sehen, weil es theatralisch vorgeführt wird: Zwei Freunde, die sich zufällig treffen; eine Familie, die voneinander Abschied nimmt; ein Kind, dem die gesamte Verwandtschaft das neue Spielzeug erklärt. Und alles wird gerade um so viel übertrieben, daß es die Aufmerksamkeit fesselt, aber nicht so sehr, daß man die Aufrichtigkeit bezweifeln müßte. Manchmal denkt man erschrocken, ein Streit sei ausgebrochen, seine Lautstärke verrate politische Motive, aber bei näherem Hinhören ist es nur ein Fischrezept, das zwischen zwei Feinschmeckern verschieden interpretiert wird. Aber unglaublich, selbst am Flughafen Palermo erlischt alles Leben gegen 22 Uhr. Niemand trinkt mehr Kaffee, niemand liest mehr Zeitung, niemand beschwert sich über fehlende Gepäckträger. Wahrhaftig, die Bar schließt, der Kiosk wird verriegelt, ein letzter Privatwagen rollt vom Sturm geschüttelt aus dem Parkplatz. Hab ich den Flugplatz doch nie so einsam gesehn! Die Tür zum Gepäckband gähnt, der Schalter für Rent-a-Car sieht aus wie eine zugeklappte Ofentür. Der Sturm fängt sich und orgelt in den leeren Räumen, daß man sich fürchten möchte, doch dafür ist man viel zu vernünftig und zu erfahren. Ausgeschaltete Computer wirken leichenhaft, Absperrungen lächerlich, die Kehrseite der täglich wirbelnden Aufregung des Ortes liegt platt auf dem schmutzigen Fußboden, nicht als Ruhe und Sammlung, sondern als billiges Gar-Nichts.
Ein paar Taxifahrer sind noch da. Aus Langeweile bestellt die alte Dame einen von ihnen schon jetzt für die spätere weite Fahrt

durch die Nacht. Schon wird's lebendig: »Aber natürlich, aber gern, aber geben Sie doch das Handgepäck her, ich schließe es gleich in den Kofferraum ...«
Staunend sieht die junge Dame, wie die alte das geschehen läßt. »Sie geben ihm Ihr Bordcase? Wo man doch so viel von Diebstählen hört?«
Schon kommt der Taximann zurück.
»Sicher verschlossen?« fragen die Damen. »Kann es nicht herausgeholt werden?«
»Doch nicht bei uns«, scherzt der Mann, »die Taxifahrer haben einen Vertrag mit der Mafia, wußten Sie das nicht?«
Eines wußten die Damen sicherlich nicht: wie sie die Bemerkung bewerten sollten. Er redete weiter:
»Wie lange waren Sie unterwegs? Haben Sie denn zu Abend gegessen? Hier ist alles geschlossen, aber wir haben Zeit genug. Soll ich Sie nicht in ein Lokal fahren? Sie müssen hungrig sein, Sie bekommen doch sonst heute gar nichts mehr... « Sie folgten ihm, die Alte vergnügt, die Junge besorgt. Es ging raus aus der Ausfahrt, rauf auf die Autobahn, rein in einen kleinen Ort; der Sturm schüttelte den Wagen und bellte um ihn herum, er zauste an seinem Dach, er fegte unter ihm durch. Die Fahrt dauerte länger als erwartet. Der Empfang aber in der kleinen Gastwirtschaft war herzlicher als erwartet. Vom gestrigen Abend an mußten die Damen jede Einzelheit erzählen, bis zum Großvater hinauf die Familienverhältnisse offenlegen; Beruf und Kinder, Ziele und Wünsche, bevorzugte Kleiderfarbe und medizinische Grundregeln wurden erörtert. Und dabei sorgte die Frau in der sauberen Schürze für warmes, schmackhaft-nahrhaftes Essen, betreute den Taximann wie den eigenen Sohn – was eine Gratismahlzeit bedeutete – rückte den Tisch näher an die warme Küchenwand, weil der unchristliche Sturm – Maria und Josef! – ja fast die Tür eindrückte. Und die Verführung zu einem weiteren kleinen Nachtisch, noch einem kleinen Kaffee und noch einem kleinen Kräuterlikör zwecks besserer Verdauung, gewiß, all das rundete die Rechnung für das gastliche Haus erfreulich ab; doch zugleich

war es der Wirtin ein Anliegen und ein Vergnügen, die Gäste satt und zufrieden zu sehen.

Auch die junge Dame vergaß alles Mißtrauen. Sie hatte böse Dinge, und keineswegs boshaft erdachte, über dieses Land gelesen. Aber wenn sich nun der Taxifahrer mit Spaghetti und Braten, Artischocken und Süßspeise, Kaffee und Fernet ebenso fühlte wie sie selbst, wenn er alles das am selben Tisch mit ihr genossen hatte, dann konnte er ihr eigentlich nicht die Kehle durchschneiden. Durst nach Blut kann bei gestilltem Hunger nicht aufkommen. Oder doch?

Als das Auto zurück zum Flugplatz fuhr, nahm es eine andere Straße als zuvor; es tauchte in eine absolute Dunkelheit zwischen zwei haushohen Bretterwänden, es füllte den Zwischenraum zwischen ihnen von Tür zu Tür, nur der Sturm hatte daneben noch Platz. Kein Straßenschild, keine Laterne; vorn aber, tatsächlich, da war schon das Ankunftsgebäude des Flughafens, da schwankten schon die Lampen über der Auffahrt. »So schnell?« fragte die alte Dame. »Vorhin sind wir zwanzig Minuten gefahren und jetzt nur drei –?«

»Hier ist es näher, ja«, sagte der Mann am Steuer. »Aber der Weg ist nicht jedem bekannt und sehr dunkel. Vorhin hätten Sie sich vielleicht gefürchtet, wenn ich Sie hier entlang gefahren hätte. Sie kannten mich ja noch nicht!«

SIZILIEN

Sizilianisch organisiert

Etwas gänzlich Anderes, etwas Unbegreifliches, etwas Fremdes – das mag für den Buddhisten ein christlicher Kreuzweg sein, für den Sizilianer ist es der Amtsweg. Er ist notwendig, aber nicht ins Leben integriert, er ist von den Menschen nicht akzeptiert. Fällt er dem Preußen als erster möglicher Schritt zur Lösung einer Frage ein, so dem Sizilianer als letzter. Weil das so ist, weil jeder das weiß und weil in Sizilien der Amtsweg trotz allem von Sizilianern verwaltet werden muß, darum ist er dort so viel dorniger, strenger, unerbittlicher als anderswo. Keine Einsicht kann hier eine Regel durchbrechen, kein noch so intelligenter Beamter ein Verfahren selbständig abkürzen. Die einmal gesetzten Vorschriften werden mit einer Genauigkeit befolgt, die jede preußische Strenge übertrifft. Da niemand einsieht, warum der Amtsweg überhaupt existiert, ist auch niemand fähig einzusehen, warum in diesem individuellen Fall das Formular A gestrichen, der Weg ins Büro B erlassen werden könnte. Es gibt nur Regeln, und weh Dir, Fremder, wenn Du ihnen unterliegst. Keine Reiseversicherung ersetzt Dir den Verlust an kostbarer Ferienzeit, den Du hier erleidest.

Denn wenn Du nach unendlichem Warten auf dem Gang in ein Büro gelassen wirst, wenn man Dich – mit vielen Unterbrechungen durch Telefonate, eintretende Beamte und ungeduldig Nachdrängende –, zwei Mal sehr differenziert nach Deinem Anliegen gefragt, wenn man dazu Notizen gemacht und diese sogar in die altmodische Maschine getippt hat, nicht etwa mit Hilfe einer Sekretärin, sondern im Raubvogelsystem: lange kreisen, dann zustoßen – also dann erweist sich, daß dies ein Vorspiel

Der Golf von Palermo (Stich des 19. Jahrhunderts)

war und daß sich dasselbe in mindestens drei anderen Büros, bei drei anderen Beamten, vor drei anderen Schreibmaschinen wiederholt. Und immer wieder sagst Du, immer wieder schreibt man Deinen Namen, Buchstabe für Buchstabe. Wer das Pech hat, Schimanowsky zu heißen und eine geborene von Geerhus-Antheim zu sein, der ist ohnehin verloren. Man läßt ihn warten, bis einer kommt, der den Kampf mit diesen Buchstaben aufnimmt, und das kann am Abend sein oder morgen.
Die Büros, in die man wechselweise weitergereicht wird, werden auch nicht etwa feiner, die Maschinen nicht moderner, nur die Beamten wohl immer ranghöher. Und hat der höchste dann nach Detailfragen, die einem den Atem verschlagen in ihrer mikroskopischen Genauigkeit, hat der letzte dann alles mit fünf Durchschlägen getippt und reißt es aus der Maschine, um es Dir zur Unterschrift vorzulegen – heiliger Amtshimmel! Es kann passieren, daß er dabei alle fünf Durchschläge und das Original zerreißt, weil die Maschine hakt und dem Schwung seiner genialen Geste widersteht. Wer jetzt Schimanowsky, geb. von

Geerhus-Antheim, heißt und übersieht, daß das ganze Spiel von neuem getippt werden muß, der schreibt vielleicht in kapitalen Buchstaben seinen Namen auf einen Notizzettel und schiebt ihn dem Beamten zu. Der ist nicht nur verdutzt über so viel Initiative, er ist auch gekränkt. Denn Initiative ist sein Privileg. Und das Abschreiben vom Zettel erfordert wieder eine ganz andere Konzentration, eine ganz andere Arbeitstechnik, als die vorher geübte mit mündlicher Buchstabenansage.

Wer das Büro verläßt und die Sizilianer nicht kennt, der muß sagen: Sie sind unfähig. Sie sind der einfachsten Sache nicht gewachsen. Sie können nicht verwalten, nicht schreiben und nicht verstehen. Der Fremde muß so denken, es ist kein Vorurteil und keine Bosheit. Nur weiß er nicht, daß es neben diesem, offenbar von Dummheit verwalteten Amtsweg in Sizilien auch den anderen gibt, den persönlichen, den selbstverständlichen, den pfiffigen, phantasievollen, den, dessen sich jeder bedient, der nur irgend Einsicht in die geheimnisvollen, durch Jahrhunderte gewachsenen Strukturen des Landes hat.

Die Dame, die am Flughafen zwar ihren großen Koffer erhalten hatte, den zugehörigen kleinen aber vermißte, die hatte keine solche Einsicht, sie war zum ersten Mal im Lande. Sie zeterte und schimpfte nach dem Durchlaufen des Amtswegs und hatte außerdem den Nachteil, daß in der Gruppe, mit der sie reiste, niemand so recht Mitgefühl für sie und ihren kleinen Koffer aufbrachte. Sie hatte ja den großen – wozu brauchte sie zwei? Nur sie wußte, daß gerade im kleinen der kleidsamste Pulli steckte, das bequemste Paar Schuhe und die Salbe, die ihrer Haut wohltat.

Deshalb versuchte sie tagtäglich, während der Reisebus sie von Ort zu Ort, von Hotel zu Hotel trug, sich telefonisch in den Amtsweg einzuschalten, auf dem ihr kleiner Koffer gesucht, verglichen, identifiziert und gefunden werden sollte. Ist aber der Amtsweg zu Fuß langwierig und bis zur Erschöpfung ermüdend, so ist er per Telefon schlechthin tödlich. Die Möglichkeiten, abgehängt, falsch geleitet, rückgekoppelt und abermals abgehängt zu werden, sind unbegrenzt, Besetztzeichen und mangelnde Telefonmünzen erschweren den Vorgang, öffentliche Apparate mit dem handgeschriebenen Zettel »guasto« machen ihn überhaupt unmöglich. Daß die Dame trotzdem nicht aufgab, verrät deutlich, wie kleidsam der sommerliche Pulli im kleinen Koffer gewesen sein muß.

Einmal hatte sie das Glück, einen Mann ans Telefon zu bekommen, der Bescheid wußte. Er stellte zwei Dinge klar:

Erstens: Der Koffer war noch nicht gefunden worden.

Zweitens: Würde er gefunden, müßte die Besitzerin ihn abholen.

»Aber wir machen eine Rundreise; ich bin 300 km vom Flugplatz entfernt!«

»Um so schlimmer!« sagte der Beamte ungerührt.

»Aber die Fluggesellschaft ist schuld«, rief die Dame verzweifelt. »Sie ist verpflichtet, mir das vergessene Gepäckstück ins Haus zu senden.«

»Wo ist Ihr Haus?«

»Heute hier, morgen in Selinunt, übermorgen in Agrigent...«

»Also«, sagte der andere befriedigt, »es ist nicht möglich«! und legte auf.

Aber der *genius loci* begann auch bei der geschädigten Dame langsam zu wirken. Sie genoß allmählich, was sie sah, erst verworren, nach Tagen völlig ungetrübt. Auf der abenteuerlichen Fahrt durch das einsame Bergland im Südosten der Insel gab es auch für sie nur noch Spannung und Überraschung. Eine tiefe Schlucht hatte der Fluß dort in die Felsen gesägt; an ihrem Rand ging es in Serpentinen aufwärts, eben grünten noch Orangenhaine im Windschatten der Berge und gediehen in der Feuchtigkeit des Flusses, schon aber wurde der Wuchs spärlich, Steine blickten durch hartes Gras, und man bewunderte die Herden, die noch Freßbares fanden, und deren Geläut das Brummen des Autobusmotors übertönte. Fernab auf kahlen Höhen lagen kleine Städte, aber auch sie fielen zurück, und nur noch Steine und die Hitze blieben und dröhnten ineinander. Immer wieder erschrak man vor steilen Abstürzen und plötzlichen Kurven, und ein Kleinwagen bedrohte zusätzlich die ohnehin gefährliche Fahrt. Er hupte und wollte überholen. Wer um alles in der Welt hatte es hier in dieser Einsamkeit so eilig? Regierte hier doch die sikulische Totengöttin und nicht der technische Fortschritt. Dennoch überholte der freche Kleinwagen den großen Bus, hupte, setzte sich ihm vor die Front, gab Lichtzeichen und hielt. Er stoppte uns, als spielten wir Krimi ; der Fahrer winkte, der Fahrer stieg aus, er machte Zeichen, er beugte sich in seinen Kofferraum, er hielt in den Händen, er hob empor: Den verlorenen kleinen Koffer der geschädigten Dame: »Der gehört doch jemand von Ihnen!«

Die Dame sprang auf, sie umarmte erst ihr Köfferchen, dann den Wildfremden, und wildfremd war er uns allen, ein *deus ex machina*, besser, *ex macchina* im wahrsten Sinne des Wortes.

Wir versuchten, seine Identität zu ergründen, seine Beziehung zum Flugplatz, seine Kenntnis unserer Reiseroute, sein abenteuerliches Auffinden unseres Busses ausgerechnet im sikulischen Bergland – alles blieb lückenhaft, denn für ihn zählte nur, daß der rechte Besitzer den richtigen Koffer erhalten hatte. Eine Schlüsselfigur schien ein gewisser Luigi zu spielen, aber auch Luigi war keinem von uns bekannt.

»Wissen Sie nicht, der Dünne, Rothaarige auf dem Flugplatz ...«

»Der Gepäckträger?«

»Natürlich, der. Er hat Sie doch schon öfter bedient, er kennt die Zettel, die Sie immer an den Koffern haben ...«

»Aber Sie, wieso hat er Ihnen dann ...?«

»Ich bin mit seiner Schwester verlobt.« Das klärte alles für ihn, nichts für uns.

»Aber woher wußten Sie, wo wir sind?«

»Ein Freund meines Nachbarn fährt Touristen für die Firma Inzerillo, der wußte, wie so eine Rundfahrt verläuft.«

»Ja und Sie –?«

»Ich mußte dieser Tage zufällig nach Agrigent, da hab ich den Koffer eben mitgenommen. Leider waren Sie dort aus dem Hotel schon wieder abgereist, aber der Portier wußte, daß Sie heute über die Berge nach Syrakus reisen. So bin ich Ihnen nachgefahren, kein großer Umweg für mich.«

Es war offensichtlich, daß ihn unsere Fragen erstaunten, sogar befremdeten. Er nahm unseren überschwenglichen Dank zwar gerne an, fand aber unser Interesse am Detail geradeso überflüssig, wie wir auf dem Amtsweg die Fragebogen. Er hatte illegal durchgeführt, was legal nie möglich gewesen wäre. Und das kann jeder Sizilianer. Dafür nimmt er Umwege in Kauf, dafür berät er sich mit Freunden und Verwandten, dafür entwickelt er Findigkeit und Schläue. Ohne diese Fähigkeiten könnte er nicht überleben.

Capella Palatina

Man kann es den Palermitanern nicht verdenken, daß sie ihre Hochzeiten in die Capella Palatina verlegen. Sollen denn das Übermaß, die Fülle, der unfaßbare Reichtum nur für die Touristen da sein? Ein Reichtum, der auch dem schlichten Sinn eindrucksvoll ist durch seine Qualität und Echtheit: Überfluß aber nicht Pomp, Wirkung aber nicht Effekt. Während einer Hochzeitsfeier freilich darf niemand die eher kleine Palastkapelle besuchen; nur wenn er Glück hat, kann er sie vor Beginn einer solcher Feier betreten und sieht den Raum vorsorglich zubereitet mit Teppichen und Blumen. Unglaublich aber wahr: Hier stören Blumen.

Blumen sind Natur, die Capella Palatina ist das äußerste Gegenteil davon, sie ist Kunst, ja Künstlichkeit; nichts Gewachsenes, sondern bis in die letzte Feinheit hinein Gestaltetes. Ihr Reiz ist edelsteingleich, sie blendet mit der Kostbarkeit ihrer Materialien, und doch dämpfen ihr räumliches Maß, ihr gemildertes Licht, das Gerüst ihrer Säulen und die Überschaubarkeit ihres Grundrisses den Prunk. Ihre Pracht ist faßbar, und gerade hierin begegnen sich Orient und Okzident. Die Normannen – Roger II. ließ sich die Palastkapelle 1132–1146 errichten – nahmen arabische Formen und Techniken bewundernd auf. Aber sie zogen deren Lust am Aufzählen prächtiger Werte in die ihnen eigene räumliche Auffassung hinein, in die klare Gliederung von Tragen und Lasten, sie korrigierten die Üppigkeit mit byzantinischer Strenge. Und so wurde die Fülle geordnet, so wurde aus vielem viel. Daß in der Capella Palatina zwei grundverschiedene Auffassungen von Kunst und künstlichen Dingen ohne Mißklang

Capella Palatina, Leuchter und Kanzel

vereint sind, sieht man an zwei Objekten der Ausstattung: Der Stalaktitendecke und dem Osterleuchter.
Es ist möglich, daß die geschnitzte, bemalte Holzdecke von Meistern aus Kairo geschaffen wurde. Dann wäre sie das einzig sichtbare Zeugnis einer fatimidischen Malschule, von deren Vorhandensein man weiß, deren Werke aber sonst verloren sind. Denn nicht nur die Stalaktiten, die abhängenden, heruntertropfenden Formen machen den fremdartigen Reiz dieser Kirchendecke aus, sondern auch die vertieften achteckigen Sterne, die in lebhaften Farben bemalt sind mit Arabesken, Tieren, Figuren und Inschriften. Schnitzwerk, Malerei, kunstvolle Form also an dieser Decke, arabisch, merkwürdig. Bis vor einigen Jahren konnte der aufmerksame Besucher in einer anderen Kirche in Palermo, in S. Giovanni degli Eremiti, ein Stück dieser Decke sehen, das wegen Schadhaftigkeit hatte entfernt werden müssen. Und da sah er dann mit abgründigem Erstaunen auf die Rückseite dieser Pracht: rohe Holzbretter, vertikal gebündelt, nach oben von ungleicher Länge, lieblos und unbearbeitet und ohne Gefühl für die Art des Materials. Nur unten, nur da, wo sie herunterhängen, Zapfen oder Vertiefungen bilden sollten, wo sie sichtbar Decke wurden, nur da hatte hingebungsvolle Mühe sie bemalt und geschnitzt, geglättet und geformt.
Der Osterleuchter ist aus Marmor, aus zweierlei Arten sogar, denn die Krone, der oberste Kreis unter der die Kerze tragenden Schale ist aus einem noch kostbareren Stein als alles übrige. Dieses Material erlaubte keine Unehrlichkeit und keine Vereinfachung. Wo immer das schimmernde Weiß bearbeitet wurde, mußte die Form mit dem Meißel aus seiner Härte herausgeschlagen werden, sei es am Fuß, an dem Löwen sich der Form von Füßen anpassen, sei es an den Akanthusblättern, die aus ihren Mähnen wachsen; sei es an der feinen Ranke, die den Körper eines nackten Mannes umschlingt, oder an den Merkmalen einer Hunderasse, denn die Füße des nackten Mannes stehen auf dem Rücken eines Windhundes. Und solches zu meißeln forderte mehr, als aufgereihte kleine Holzfelder zu bemalen oder abhängende Formen zu schnitzen,

Leuchter, Figurenschmuck (Detail)

die sich wiederholen. Es forderte Planung und Vorstellung vor dem Beginn. Denn wo mußte die Ranke auf dem Leib aufliegen, also als Wulst herausgemeißelt werden, wo die Hand wiederum über die Ranke greifen? Hier war nicht nur Zier, nicht nur Symbol, hier waltete wache Besinnung und Kenntnis. Der Meister, der die kleine knieende Bischofsgestalt zu Füßen des Christus in der Mandorla gestaltete, wußte, wer das war, er kannte die Bedeutung Rogers II. Und der Meister schließlich – möglich, daß es ein anderer war als jener, der den Schaft arbeitete – meißelte aus noch edlerem Marmor über der Kandelaberknospe mit Akanthusblättern drei halbnackte Männer als Träger der Schale und zog damit eine lange, in der Antike beginnende Tradition ins Mittelalter hinüber: Die Kenntnis des nackten menschlichen

Körpers, seine Schönheit, seine Tragik, seinen Geist. Neo-campanisch, eine Art erster, steckengebliebener Renaissance, hat man gesagt – eine Kunst jedenfalls, die keine ungestaltete Rückseite kennt, die ist, was sie zeigt. Natürlich liegt der Unterschied zur Decke auch in der Verschiedenheit des Materials, aber dies eben erklärt ihn auch. Die Sarazenen kannten keine Plastik, auch nicht hier in Sizilien am Berührungspunkt mit der christlichen Welt. Ihre Steinarbeit war Stuck, durch Model in einen phantastischen, unendlichen, ornamentalen Rapport verwandelt. Es scheint ungerecht, dies gerade hier in der Capella Palatina festzustellen, die dem Arabischen den Glanz ihrer Schönheit verdankt. Daß nirgends nackte Wand sichtbar ist, sondern alles überzogen von Mosaiken, daß Laibungen golden leuchten, glatte Flächen marmorn, daß die Kapitelle vergoldet sind – all das ist arabisch. Auch die gestelzten Bögen, die eine so harmonische Verbindung mit den antiken Säulen eingehen, daß man von »ihren« Säulen sprechen möchte. Sogar die Cosmatenarbeit wirkt arabisch, obwohl sie einheimisch italienisch ist. Zusammen mit den Mosaiken paßt sie sich dem goldenen Ganzen an, auch da, wo sie in strengen rechteckigen Feldern, vom Dreiecksgiebel bekrönt, den erhöhten Platz betont, an dem der Normannenkönig seinen Sitz hatte. Wenn der Historiker beobachtet, daß Kulturen sich gerade dann fruchtbar entwickeln, wenn sie anderen, fremden begegnen – so steht hier der Beweis dafür.

SIZILIEN

Monreale

Honiggolden verflüssigt sich die Sonne im Kreuzgang von Monreale. Sie verlockt, in dem ungewöhnlich weiten Geviert still zu sitzen zwischen Rosen und Hibiskus und es staunend zu genießen, daß die gewaltigen Dimensionen – es ist der größte Kreuzgang des 12. Jahrhunderts, einer der größten überhaupt – eine Intimität und Innigkeit erlauben, die man nicht eigentlich erwarten dürfte. Gleichmäßig umschließen gestelzte Bögen auf Zwillingssäulchen das gewaltige Geviert. Daß die Bögen sich nicht sofort schließen, daß ihr Schwung nicht gleich von einem Kapitell zum anderen strebt, sondern erst aufwärts geführt wird, so als zögere er, sich aus der Vertikale seiner tragenden Säule zu entfernen, das macht den Eindruck dieser lang hineilenden Arkaden so orientalisch. Natürlich, die arabischen Einflüsse in der normannischen Kultur sind überall unübersehbar, und dies hier ist das letzte triumphierende Gesamtkunstwerk eben dieser Kultur. Der letzte Normannenkönig, Wilhelm II., hat es veranlaßt. Aber was im Arabischen unendlich wiederholt, in der Eintönigkeit der ornamentalen Aufzählung einschläfernd-beschwörend, monoton-betäubend wirkt, das ruft hier, im Schnittpunkt dreier Kulturen – arabischer, byzantinischer, nordischer – den Geist wach, genau zu beobachten und dem Stimmungsrausch ein festes Gerüst von Einzelbeobachtungen und Tatsachen zu geben; Rechenschaft zu geben, erweitert und klärt, es fordert und fördert. Darüber z. B., daß die Lavaeinlagen, die die Bogenschwünge begleiten, ein ernstes Ornament sind, die Einlagen in den Schäften der Zwillingssäulchen dagegen verspielt und farbstark in Gold, Schwarz, Weiß und Rot. Daß die

Monreale, Kreuzgang

Zwillingssäulchen der vier Flügel folgerichtig an den Ecken zu einer Vierergruppe zusammenfinden, so als umarmten sich hier am Treffpunkt alte
Bekannte auf ihrem sonst unabhängig voneinander vollzogenen Weg. Und an diesem Punkt verändert sich für einen Augenblick der Ruhe auch das Aussehen der Säulen: Ihre Schäfte sind über die ganze Länge hin reliefiert. Kein Examenskandidat der Kunstgeschichte würde dieses Relief richtig ins Mittelalter einordnen, wenn man es ihm zusammenhanglos vorlegte. Das scheint Renaissance-Ornamentik zu sein, frei aus dem Handgelenk gestaltet, so elegant, als wäre der Stein ein Material, das dem leichtesten Fingerdruck gehorche. Und dies gerade, die Beherrschung des Materials, so vollkommen, daß man dessen Härte und Spröde vergißt, die drückt sich noch einmal in den Kapitellen aus. Da gibt es nicht eine einzige Wiederholung, manchmal deutet sich ein Programm an – das Alte, das Neue Testament – aber das Programm ist durchwachsen von bizarrer Phantasie: da gibt es z. B. den Akrobaten, der Handstand macht und dabei die Knie

anwinkelt, die eine Hand auf dem Akanthusblatt der einen, die andere auf dem der anderen kleinen Säule; oder in ein dickliches Federkleid gehüllte Vögel mit Menschengesichtern, Sirenen, die wirklich nur durch Gesang, nicht durch ihre Eulenhaftigkeit verführen können; oder die Kämpfenden mit Schild und Schwert, spitz behelmt und von einer zur anderen Säule hinüberschlagend; oder als Variation dazu die Raufenden, nackte Männer, die sich an Kopf und Schultern packen und das ganz folgerichtig von einem Säulenzwilling zum anderen hinüber; oder die Adler mit den lang gezogenen Hälsen oder auch nur das waagerecht um die Kapitelle gewickelte Eichenlaub, leicht zu übersehen in der Fülle figürlicher Verführung, meisterhaft empfunden, aus Stein gebogen, in der Rundung haftend; oder gar das Kapitell mit der Inschrift, auf dem der Stifter dieser Schöpfung, Wilhelm II., seine Kirche der Madonna übergibt, Westfront und Türme auf seinen Armen, der Ostchor aber, weil gar so schwer, von einem hilfreich herbeischwebenden Engel gehalten.

Welche Freiheit der Wiedergabe; Witz gehört dazu, Witz, der auch vor den biblischen Themen nicht stottert, etwa wenn der arme Mann in Abrahams schiffchenförmigen Schoß sitzt, der Reiche aber von einem Teufel mit dem Dreizack präzise ins Hinterteil gestochen wird. Oder wenn die Karawane des Josef und seiner Brüder mit Kamelen einherzieht, die so töricht dreinblikken, als habe ihr Steinmetz sie in natura studiert, inzwischen aber die Details ihres Anblicks vergessen und mit der eigenen Phantasie aufgefüllt. Und dann plötzlich, unerwartet, weil durch so viel Detailkönnen, Detailkomik und Detailbelehrung der Sinn auf anderes ausgerichtet war, dann plötzlich steht man vor dem winzigen Geviert, das in eine Ecke des Großen, Ganzen eingesprengt ist wie Mikro- im Makrokosmos: Das Brunnenhäuschen. Vielleicht versteht man hier, daß arabische Garten- und Innenhofkunst diesen benediktinischen Kreuzgang beeinflußt hat, denn beschwörend leise rinnen dünne Wasserstrahlen aus der Krone eines mit Zickzackornament umgebenen Schaftes in ein flaches, offenes Becken, aus dem Tauben trinken und an dem

Kreuzgang, Kapitell (Detail)

Kreuzgang, Kapitell (Detail)

sich Touristen stauen. Warum besitzen die Tauben an dieser flachen Schale nur eine so unwiderstehliche Anziehung auf Fotografen jedweder Hautfarbe? Kaum zu glauben, daß sie alle das Motiv des Sosos von Pergamon darin erkennen: Asiaten, Afrikaner, Amerikaner und das ganze vereinte Europa –; es zuckt einem in den Fingern, die Fotolinsen von den Tauben weg auf das Kapitell zu lenken, wo Wasserträger in fein gefältelten sarazenischen Pumphosen klassische Amphoren tragen.

Aber lassen wir die Fotografen gewähren, nutzen wir die Zeit, uns auf die Kirche vorzubereiten, die wie dieser Kreuzgang ein Wunder ist an großer monumentaler Konzeption und feinem, in Abstufungen schmückendem Detail. Groß ist die Form, das Mittelschiff dreifach so breit wie ein Seitenschiff, der Grundriß der einer kreuzförmigen Basilika, eher streng und ganz gehalten am Bauschema des 12. Jahrhunderts. Aber dieses architektonische Gerüst ist ausgeschmeichelt mit einem Goldgewand, das faltenfrei übersehbar, aber doch unfaßbar ist in seiner Fülle von der Apsis bis zur Westfassade, vom Obergaden bis in die Fensterlaibungen: Mosaiken. Über eine Fläche von mehr als 6000 qm hin erzählen sie Steinchen für Steinchen, schimmernd in gedämpftem Goldgrund, die Erschaffung der Welt, die Begebenheiten des Alten Testaments, die Wunder des Neuen, den Schrecken des Jüngsten Gerichts und die gütige Verheißung des Richters in der Apsis. Christus Pantokrator umfängt, da die Rundung der Apsis seine Arme sichtbar herumführt, er umfängt den unten stehenden Menschen wirklich, er birgt ihn, und dieser kann sich trotz der Größe der Kirche, trotz der erschlagenden Fülle ihres Schmucks in ihr nicht verloren fühlen.

Dem Mosaik nahe, ihm an Reichtum der Technik nicht nachstehend, ist die Steinintarsie, die Cosmatenarbeit, die sogar über die Stirnseiten der Stufen ausgespannt ist. Sie fügt sich zu Sternen, Rhomben und durchkreuzten Bändern, untergreift das unten anstoßende Muster, übergreift das darüber angeordnete. Wer hat sie niedergeschrieben, diese ornamentale Sprache, in der es nicht eine undeutliche Silbe, nicht einen falschen Buchstaben

Kreuzgang, Kapitelle

gibt? Buchstaben – ja, oben an den bildlichen Mosaiken stehen sie wirklich. Lateinisch und Griechisch, je nachdem wohl, welche Vorlage der Mosaikkünstler benutzte. Und Vorlagen mögen auch die Handwerker benutzt haben, die hier als Cosmaten am Werk waren, unter der Führung eines, der sich das Ganze vorstellen konnte.

Die Kirche war im Mittelalter dunkler als heute, wir holen uns mit versteckt angebrachten Glühbirnen die offene vergoldete Dekkenkonstruktion in die volle Helligkeit hinein, vor allem die aufgereihten Heiligenfiguren in der Apsis, die neben und unter der Madonna stehen, so, als sei die Kostbarkeit ihrer Gewänder der Inbegriff ihrer Heiligkeit. Als im Mittelalter nur Kerzen die Apsis erhellten, mag dieses warme Licht das Gold noch wohliger gemacht haben, die Gestalten noch unstofflicher. Aber sie vertragen das helle Licht sehr wohl, es ist an ihnen kein Makel, den man verdecken möchte, ihre Konturen sind klar, das Gold auch im Licht verhalten und gebrochen zu weiß oder grün, zu türkis und schwarz. Allein, strenge Formalisten wollen in der Menge dieser Mosaiken einen Qualitätsabstieg sehen; ihnen ist das weitschweifig Erzählende, das dem Wassersüchtigen einen aufgetriebenen Bauch gibt und den zertrümmerten Sodom und Gomorrha richtige Totenschädel einfügt, zu bildhaft, zu sehr gemalt und zu wenig mosaiziert. Wer naiv ist, hat es besser; er verweilt bei Gottvater, der das Licht von der Finsternis trennt und die Gestirne auf ihre Bahn schickt, und fragt sich, was Kubisten und Expressionisten eigentlich Neues erfunden haben. Er empfindet den Schöpfungsakt leibhaftig, als hätte er sich in dieser schimmernden Kirche vor 800 Jahren im Kleinen wiederholt. So weit also, noch immer im Kreuzgang verweilend, bereiteten wir uns auf das Innere der Kirche vor, traten erwartungsvoll ein und erstarrten. Wir begriffen nicht. Man bedeutete uns, still zu stehen und zu schweigen. Vor dem Altar stand, klein und in ärmlicher Kutte ein Mönch, Scheinwerfer strahlten ihn an, Befehlsworte regelten seine Haltung, Kameras fuhren umher, schwenkten und rasteten ein. Kabel lagen wie schwarze Schlangen am Boden, und vor den Wänden, vor den schimmernden Mosaiken von Monreale, waren Papptafeln aufgezogen, auf denen – die Schizophrenie war nicht zu fassen – die echten Mosaiken mit Stift und Farbe wiederholt waren, wortgetreu, konturengetreu, aber natürlich flach und geistlos und ungeheuer albern in ihrer papierenen Imitation.

»Um der christlichen Barmherzigkeit willen«, wandte ich mich an den Kustoden dieser Kirche. »Was machen die da?«

»Sie drehen einen Film, den Franziskus-Film.«

Ich verstand wenigstens eines, daß der Schauspieler historisch getreu klein von Wuchs war. Aber »... um der christlichen Barmherzigkeit willen«, verfiel ich abermals in diese starke Beschwörung, »warum drehen sie den Film in Monreale, dem Ort, den Franziskus nie besucht hat? Ihr habt doch Assisi und S. Damiano und S. Maria degli Angeli ...?«

»Aber nur Monreale hat so schöne Mosaiken, Signora, das sollten Sie doch wissen!«

»Aber um der christlichen Barmherzigkeit willen, warum verdeckt Ihr die dann mit Pappdeckeln?«

»Sie reflektierten wohl zu stark bei Scheinwerferlicht. Und Signora, lassen Sie die christliche Barmherzigkeit aus dem Spiel, die gab es hier im 12. Jahrhundert!«

SIZILIEN

Auf des Messers Schneide

Jede Not wird leichter, wenn man sie jemandem mitteilen kann. Das weiß jeder Priester einer jeglichen Religion, das erkennt jeder Psychotherapeut in seiner Praxis und das lernt jeder Soziologe im Studium. Der Reiseleiter weiß es eben darum, weil er seine Nöte meist niemandem mitteilen kann. Angstvolle Nächte bringt er ungetröstet zu, denn Katastrophen darf er erst dann bekannt geben, wenn sie wirklich eingetreten sind, und nicht schon am Abend zuvor, wenn sie nur drohen. Handlet es sich um eine Busreise, so hat er wenigstens einen Menschen, mit dem er sich beraten kann, den Fahrer. Meiner aber schlief in einem anderen Hotel als wir, denn das unsere war ausgebucht. Ihn telefonisch zu suchen, schien unsinnig, denn schließlich, helfen konnte er mir auch nicht.

Und es hatte ja überhaupt nicht so ausgesehen, als wenn noch irgend etwas passieren könnte, wir hatten diesen allerletzten Reiseabend gemütlich zusammengesessen und uns alle miteinander der vergangenen schönen Tage gefreut. Ein dummes Gelüst nach einem letzten wirklich guten Kaffee bewog mich teuflischerweise dann doch noch einmal auszugehen. In den Hotels ist der Espresso niemals gut, dafür teuer, und eigentlich war es auch gar nicht das zwingende Gelüst nach dem Tropfen süßen Gifts, sondern mehr der Abschied von etwas, das es zu Hause nicht gibt. Diese Atmosphäre von Campari-Bitter, Zigaretten und Kaffee, dieses Nebeneinander von gepflegter Damengarderobe und derbem Bauernrock, dieses zwanglose Schwatzen von der Kassiererin zum Barmann, von Gast zu Gast, von Alt zu Jung. Das Stehen im Gewühl, denn der Kaffee ist immer da am besten, wo man nicht sitzen kann, er ist da am besten, wo Bürochefs und Chauffeure ihn trinken. Dorthin ging ich, um mir, ohne es vorher zu ahnen, eine schlaflose Nacht einzuhandeln, nicht wegen des Coffeins, sondern wegen der Gespräche, auf die ich mich eigentlich gefreut hatte.

Die Chauffeure waren alle da und redeten wie gewohnt. Oder nicht so, sondern etwas dringender, etwas aufgeregter, etwas unschlüssiger? Es waren touristengewohnte, nervengestählte Busfahrer, einige von ihnen kannte ich. Daß sie mich nicht mal begrüßten, ließ mich aufhorchen.

»Ich jedenfalls«, hörte ich einen sagen, »fahre mit meiner Gruppe heute nacht noch nach Palermo. Ist doch klar, daß die Flüge dorthin umgeleitet werden, von dort muß man also morgen auch irgendwann wegkommen ...«

Da wir hier in Catania, mehr als 200 km von Palermo entfernt waren, schien mir dies ein bedeutender Entschluß, und da unser eigener Flug für den nächsten Morgen von Catania aus gebucht war, weigerte ich mich, den naheliegenden Schluß zu ziehen, daß mit dem Flughafen Catania irgend etwas nicht in Ordnung sei.

»Ich bitte Dich«, sagte ein anderer, »eine Entführung dauert doch nicht länger als eine Nacht ...« Höhnisches Gelächter von einem Dritten: »Tage und Nächte, manchmal eine Woche!«

»Bis morgen kann sich alles geklärt haben ...«

»Und wenn nicht morgen früh, so kann man wahrscheinlich morgen mittag wieder starten!«

»Was ist los?« fragte ich bang in die Mitte der mächtigen Männer hinein.

»Hallo Cristina! Weißt Du das nicht? Seit Stunden steht auf dem Flughafen Catania eine entführte Maschine, der gesamte Flugverkehr ist gesperrt.«

»Auch wir wollten eigentlich morgen früh ...«, sagte ich tonlos.

»Und? Was machst Du?«

Das wagten sie zu fragen. Mich, die ich die Nachricht in diesem Augenblick erst vernommen, die noch keine Zeit gehabt hatte, sie zu verarbeiten.

»Wißt ihr noch mehr darüber?« fragte ich.
»Nichts. Sie tun alle sehr geheimnisvoll. Niemand weiß, um was für eine Maschine es sich handelt, niemand erklärt einem, was für eine Fluggesellschaft, kein Wort von Forderungen oder Verhandlungen ...«
»Und die Polizei?«
»Die Polizei? Unsere Polizei? Na, Du bist naiv!«
»Also, Ciao alle miteinander! Ich hole jetzt meine Leute und fahre nach Palermo ...«
Ein mutiger Mann, entschlossen, stark im Handeln. Ich bewunderte und beneidete ihn. Dann überlegte ich, daß ich ja genauso handeln könnte wie er und ihn dann weder beneiden noch bewundern müßte. Das hieß zunächst, meinen eigenen Fahrer mobilisieren, dann die Leute aus den Hotelzimmern holen, das Gepäck verstauen. Es hieß vier Stunden Nachtfahrt und unabsehbare bürokratische Schwierigkeiten am Flughafen Palermo: »Sie haben Catania gebucht, also, warum fliegen Sie nicht von Catania? Entführung? Was geht uns das an, wir haben niemanden entführt!« Oder: »Wissen Sie denn nicht, daß die Entführer gestern nacht noch überwältigt worden sind?«
Ein Risiko-Entschluß. Ein Risiko-Entschluß auch, einfach hier zu bleiben und abzuwarten. Und immer sind Ärzte in der Gruppe, die am Abend schon wieder Klinikdienst haben und immer Lehrer, die morgen früh schon wieder unterrichten müssen. Lieber Gott, mach die Polizei stark und die Entführer schwach, schütze die Passagiere und laß uns morgen heimkommen!
»Nun, was wirst Du machen?« wurde ich abermals gefragt.
»Ich trinke Kaffee«, sagte ich und tat es. Hierin wenigstens bewies ich meine starken Nerven. Aber auch nur hier, in der Bar. Nachts im Bett gingen sie mit mir durch.
Ich träumte von aufgebrachten Kunden, die sich bewaffneten Terroristen vereinigt hatten und mich wegen meiner nächtlichen Versäumnisse in einer wenig geräumigen Steroporkiste entführen wollten. Ich sah uns am Flughafen Catania samt Bus, Fahrer und Gepäck als Geiseln genommen und ausgehungert werden. Mir

schien, wir wären kurz vor Sonnenaufgang in Palermo angekommen und erführen auf dem dortigen Flughafen, daß die entführte Maschine jetzt hier stände und der einzig mögliche Lufttransport von Catania aus ginge, wohin wir denn schleunigst zurückfahren sollten. Ich hörte auch, was meine Reisenden zu diesem überaus praktischen Arrangement sagten, und das machte mich mit einem Ruck erwachen. Sehnsucht nach meinem Fahrer befiel mich, er konnte so ungemein beruhigend aussehen. Sollte ich einfach versuchen, den Flughafen anzurufen? Um 3 Uhr früh? Das war Schwachsinn. Schlafen sollte ich, um den Schicksalsschlägen des kommenden Tages munter entgegentreten zu können.

Die Schizophrenie der Situation durchschnitt mich wie eine Kreissäge, als am nächsten Morgen der Fahrer fröhlich pfeifend auf einem Motorroller heranhopste. Er hatte ihn sich von einem Kollegen geborgt, denn sein Hotel lag weit vom unsrigen entfernt. Grinsend stieg er ab und fragte:

»Schick, nicht? Die Koffer schon unten?«

Und diese goldene Unschuld, diese kindliche Fröhlichkeit –, die mußte ich nun mit der Unsal meiner Sorgen trüben! Ich kam mir schlecht vor, wie ein Jugendverderber, wie ein Unschuldsmörder. Außerdem konnte ich nur flüstern, denn die ersten Gäste erschienen vor der Hoteltür. Der Fahrer reagierte auf meinen mit einem knappen: »Abwarten!«

Genau das, was ich die ganze Zeit tat. Aber auch er blickte, als wir mit Bus, Gruppe und Gepäck Richtung Flughafen fuhren, forschend zum Himmel hinauf, wo jedoch nur ein paar Elstern flogen – sonst nichts, der klar und rein war, seit 15 Stunden frei von Kondensstreifen und Treibstoffrückständen.

Auffallende Stille auch vor dem Hauptgebäude. Freilich ein kleiner, provinzieller, kein internationaler Flughafen mit wenig Verkehr – das mußte nicht gleich Sperrung bedeuten. Noch also war es besser, die Leute zu schonen.

»Warten Sie bitte hier im Bus«, sagte ich deshalb, »bis ich die Gepäckträger mit ihren Wagen geholt habe. So ist es bequemer für Sie!«

Ich rannte in die Halle, und da kamen sie: die Polizisten und der eine, einzige, verbissen dreinblickende Entführer. Er mußte im Kopf nicht ganz klar sein, denn man hatte ihm weisgemacht, Catania sei Tripolis in Libyen, wohin zu fliegen er befohlen hatte. Und seine Waffe: Ein scharfes Brotmesser. Seine Drohung: Er habe auch Handgranaten. Seine Forderung: Tripolis.

Aber als er glaubte eben dort gelandet zu sein, hatte er nicht aussteigen wollen. Und dieses Brotmesser, das sich schließlich als seine einzige Ausrüstung erwies und das ihm der Pilot dann endlich kurzentschlossen aus der Hand geschlagen hatte, dieses Brotmesser hatte den Flughafen Catania 16 Stunden lahmgelegt, mich um den Schlaf gebracht und eine Touristengruppe nach Palermo ausweichen lassen.

Jetzt atmete der Flughafen auf, er belebte sich wie das Dornröschenschloß, nachdem der Prinz dort seinen Kuß abgeliefert hatte. Die Schalter flogen auf, die Kaffeemaschine wurde angeheizt, die Zeitungen ausgelegt, die Gepäckträger rückten ihre Mützen zurecht und ergriffen ihre Karren. Sie liefen zielstrebig zu unserem Bus und geleiteten uns an die Schalter der Abfertigung. Wir flogen so pünktlich ab wie selten zuvor – die erste Maschine seit dem peinlichen Zwischenspiel, und meine Leute dachten, es wäre diese Pünktlichkeit, die mich auf der ganzen Rückreise so überaus fröhlich machte.

SIZILIEN

Der Ephebe von Selinunt

Jeder kennt den alten deutschen Spruch »Willst Du gelten, mach dich selten«. Verliebte jedoch befolgen ihn auf keinen Fall. Besucher, die sich in einem gastfreien Haus wohlfühlen, kümmern sich den Teufel um solche Moral. Wer einen Beruf sucht und den Seltenheitswert eines Kisuaheli-Forschers bedenkt, erkennt auch zugleich die Unsicherheit seiner finanziellen Basis. So wird das kluge Wort nur noch selten zitiert und nie mehr befolgt. Mit einer Ausnahme.

Diese Ausnahme steht jetzt wieder im Nationalmuseum in Palermo und ist der bronzene Ephebe von Selinunt. Ich bin respektlos genug zu unterstellen, daß er, als er irgendwann in den Jahren zwischen 480 und 460 v. Chr. vom Künstler dem Auftraggeber überstellt wurde, daß er da nur mäßiges Entzükken hervorrief, mag nun der Auftraggeber eine Behörde, ein Tempel oder – unwahrscheinlicher – ein Privatmann gewesen sein. »So klein?« hat man vielleicht gefragt. »Ist das wirklich die ganze Bronze, für die wir teuer bezahlt haben?« Oder: »Die Arme sind ja viel zu dünn, nicht auch ein bißchen zu kurz? Hättet Ihr sie ihm wie üblich seitlich an den Körper gelegt, dann wäre das nicht passiert...« Und der Künstler mag geantwortet haben: »Aber sehen Sie doch die feine Oberflächenbehandlung, die herrlichen, eingelegten Augen, blickt er uns nicht richtig damit an? Daß die Arme anders sind als üblich, darin liegt ja gerade der Wert!« All das natürlich auf Griechisch gesprochen, Griechisch mit sikelischem Einschlag, denn der Künstler war wahrscheinlich ein Einheimischer.

Schlecht und recht erfüllte die Statue dann ihren Zweck, wahrscheinlich den, den Flußgott Selinus darzustellen und irgendeine Nische auszufüllen, vielleicht auch ein Grab zu schmücken. Das tat sie so lange, bis die Karthager kamen und als Sieger eine ziemliche Unordnung anrichteten, kann sein, daß ein oder mehrere Erdbeben ihr zusetzten und daß sie sich etwas ramponiert und mißgelaunt unter die Erde zurückzog, wo sie schlafen konnte und sich nicht als disproportioniert schelten lassen mußte.

Wenn man aus Bronze ist, kann man trotz vieler Beulen und sogar mit abgetrennten Gliedern wunderbar schlafen, zweitausend Jahre sind da schnell vergangen, und wenn dann plötzlich etwas Hartes an einen stößt und einen weckt, scheint das immer noch zu früh, obwohl es schon im Jahre 1820 n. Chr. ist. Das Harte war ein landwirtschaftliches Gerät und gehörte einem Bauern aus Castelvetrano. Und an dieser Stelle wollen wir einmal gar nicht respektlos sein, sondern unterstellen, daß der Bauer tief beeindruckt war von der Schönheit dessen, was er da fand. Eine menschliche Gestalt aus dünner, glatter Bronze, wenn auch verschmutzt und verbogen, mit richtigen weißen Augen, als könne der Knabe damit sehen und verstehen. Vermutlich eilte der Bauer nach Hause und entfernte notdürftig den Schmutz der Jahrtausende, um das Ganze richtig und mit Andacht zu betrachten, und vermutlich war es seine praktische Frau, die sofort riet: Das kannst Du teuer verkaufen.

Also ging er zum Bürgermeister seiner Stadt und bot ihm das Kunstwerk an, und der griff in den Gemeindesäckel und zahlte 50 Lire dafür. Selbst wenn wir berechnen, daß das heute der zehntausendfachen Summe entspräche, bliebe diese Bezahlung lächerlich gering, obwohl auch heute der wenig bemittelte Bauer mit solcher Summe tief befriedigt nach Hause gehen würde, genauso wie der damals. So viel Geld ganz ohne Arbeit und Anstrengung, kein Gesetz, das solche Handel verbot, keine Steuer, kein Teilungszwang. Der Bürgermeister war ein Ehrenmann. Das blieb er und das waren nach ihm alle nachfolgenden Bürgermeister auch, d. h. sie stellten den Epheben in ihrem Amtszimmer auf und vererbten ihn dem jeweiligen Nachfolger. Castelvetrano

Der Ephebe von Selinunt

hatte kein Museum, die Statue gehörte der Gemeinde – also. Vielleicht entdeckte der Ephebe in dieser Zeit die Klugheit des Spruches »mach dich selten«. Die Gerüchte schreiten schnell im bäuerlichen Sizilien, der Fachwelt konnte der Fund nicht verborgen bleiben. Da er aber im Amtszimmer des Bürgermeisters stand, war es nicht ganz leicht, an ihn heranzukommen, zwar nicht unmöglich, aber mühsam, und so fand man, wenn man dann endlich zu ihm vorgedrungen war, daß er von einmaliger Schönheit und Bedeutung sei. Klar, man konnte ja vor sich selbst nicht eingestehen, daß die große Mühe eigentlich nicht gelohnt hatte, man übertrieb ein bißchen und glaubte selbst daran.

So setzten Fachleute 1926 sich dafür ein, daß das Stück wenigstens für kurze Zeit ins Museum in Palermo entliehen und dort für alle Interessierten ausgestellt wurde – deren mögen es damals nicht allzu viele gewesen sein –, man tat ein übriges, man restaurierte die Statue, dann gab man sie dem Bürgermeister von Castelvetrano zurück und der stellte sie wieder in sein Arbeitszimmer. Sie wurde nun zwar nicht häufiger angeschaut als vorher, aber ihre Existenz war jetzt bekannt. Reiseführer erwähnten sie, kühne Worte über ihre Schönheit und Bedeutung pflanzten sich von einem Gedruckten zum anderen fort. Bis sie 1962 gestohlen wurde. Einfach so aus dem Arbeitszimmer heraus – weg.

Ein Aufheulen ging durch die betroffene Welt. Seien wir ehrlich: Wenige Auserwählte hatten bisher den Epheben zu Gesicht bekommen, viele hatten von ihm gehört oder gelesen. Der Chor bitterer Enttäuschung, das allgemeine Wehklagen und Jammern stand in keinem Verhältnis dazu. Der Wert des entwendeten Objekts schoß raketenartig in die Höhe, und wenn die Statue, wie wir irrational voraussetzen, denken konnte, dann freute sie sich jetzt der vollendeten Form, die ihr plötzlich nachgesagt wurde. Das Bedauern über ihre Unersetzlichkeit, die aufgerufene Phantasie, sich die Verlorene so oder so vorzustellen, das alles wogte und wehte und nahm kein Ende. Kein Manager eines Filmstars hätte das besser einfädeln und durchziehen können, denn die Umstände des Diebstahls blieben dunkel und undurchdringlich.

»Die Mafia«, mußte man denken, »die Mafia«, flüsterte man. Sie war's vielleicht wirklich.

Ein Spezialzweig der Polizei wurde beauftragt, So-Ko, Sonderkommission, die Phantasie heizte sich abermals auf. Natürlich nicht lange, denn auch die Polizei tut ihre fruchtbarste Arbeit in aller Stille. 1968 war sie erfolgreich, sie fand den Epheben! Nun kam er nach Rom zu gründlicher Untersuchung und neuerlicher Restaurierung, und: hatte die Polizei für ihre Arbeit 6 Jahre gebraucht, so die Archäologen für die ihrige mehr als das Doppelte. Dafür wissen wir jetzt gut über den Epheben Bescheid:

Daß Arme und Kopf aus dem gleichen Material sind aber jedes extra für sich gegossen worden ist, daß man deshalb schon vermutete, es seien zwei Künstler an der Arbeit gewesen, daß man diese These aber wieder aufgegeben hat. Daß Kopf und Schultern dorische Elemente enthalten, das Standmotiv attisch ist und daß der Ephebe mit allen diesen Merkmalen den Metopen des Tempels E von Selinunt entspricht. Da steht er nun auch, im gleichen Museumsraum wie die Metopen, und nur einmal noch entzündete sich das allgemeine Interesse an der Frage, ob er denn nicht nach Castelvetrano gehöre, dessen Gemeinde ihn einst um 50 Lire erworben hatte. Er wird wohl in Palermo bleiben, und dort nun muß er sich behaupten, nachdem er sich so lange »selten« gemacht hatte. Sogar der Museumsdirektor gibt zu, daß er von »absoluter Schönheit« weit entfernt sei.

Zugegeben: Originale Bronzestatuen sind selten erhalten, teure Bronze konnte man gut einschmelzen und wiederverwenden, als Kanonenmaterial oder als Münzen. Insofern ist der Ephebe etwas Besonderes.

Zugegeben: Griechische Plastik ist auch dann schön, wenn sie nicht ganz vollkommen ist.

Zugegeben schließlich: Was ein Mensch 480 Jahre vor Christi Geburt mit seinen Händen geschaffen hat, des ist allemal ein historisches Zeugnis, ein Monument, ein Wert an sich. Aber ohne den Bauern, den Bürgermeister, die Mafia und die Spezialpolizei wäre die Statue doch wohl nur halb so berühmt.

SIZILIEN

Segesta

Unterhalb des Tempels von Segesta gab es früher nur eine Bretterbude, an der man Limonade kaufen konnte. Dann wurde das Warenangebot erweitert auf Mineralwasser und Speiseeis, schließlich sogar auf Espresso und Cappuccino, und man genoß beides, ohne zu fragen, wo in der Bretterbudeneinsamkeit für die Kaffeemaschine der Strom gezapft und das Wasser gepumpt wurde. Denn noch traf das zu, was alle Beschreibungen des Tempels von Segesta rühmen: Die Einsamkeit des Ortes, die Stille der Landschaft, das Urige, das dem Tempel ebenso eigen ist wie seiner Umgebung.
Aber der Familie, die da in zahllosen, unübersehbaren Gliedern erst von Limonade, dann von Limonade und Kaffee gelebt hatte, gelang der entscheidende gastronomische Durchbruch... mit einem WC. Nur der Reisefremde, der Unerfahrene, kann die Bedeutung eines solchen unterschätzen, es erleichtert den Besucher, es bereichert den Besitzer. Der baut ein Steinhaus drum herum, eine Theke mit Postkarten und Andenken, er schließt eine Veranda an, eine winzige Küche, groß genug, um kiloschwere Spaghettiberge zu produzieren. Und schließlich setzt er Stühle und Tische vor den Eingang und parkt daneben die Autos der verschiedenen Familiensöhne, so daß der fußmüde, der schwächliche Tourist sich für ein Lächeln und ein Trinkgeld ganz privat die wenigen Schritte zum Tempel hinauf fahren lassen kann oder gar, wenn ihn das größere Trinkgeld nicht reut, bis zum griechischen Theater auf dem Monte Barbaro. Und das alles überrascht umso mehr, als es sich unaufhaltsam zugleich mit der Autobahn entwickelte, die den einsamen Westen Siziliens erschloß. Gedei-

Der Tempel von Segesta (Stich des 19. Jhs.)

hen im Schatten der Griechen. Wie waren die Griechen hier gediehen?

Sie lebten in Segesta im 5. vorchristlichen Jahrhundert in der weit westlich ihrer Heimat gelegenen Fremde, unter den Elymern, die barbarisch sprachen und barbarische Kulte hatten. Daß die Griechen ihren großen, dorischen Tempel vor den Toren dieser Stadt so kräftig, so einfach und mit einer so deutlichen architektonischen Sprache erbauten, vielleicht lag das an dem Fremden, gegen das sie sich durchsetzen mußten: Einfach und klar.

Schwer ruhen die unkannelierten Säulen auf der mächtigen Basis, der Echinus ist unter der Last des Gebälks breit gedrückt, die Abakusplatte darüber niedrig. Der Bau ruht in sich und ist doch zugleich nach allen Seiten offen, er gestattet der Umwelt den Zutritt. In das leere Säulenrechteck stürzen Himmel und Licht ungehindert hinein, denn Dach und Cella fehlen, der Bau blieb unvollendet. Die Transportzapfen an den schweren Basisblöcken sind nicht abgeschlagen, die Wände der Cella nicht aufgerichtet worden, alle Feinheiten hellenischer Bauten fehlen, die Kannelluren, die Engerstellung der Flankensäulen, ihre ganz leise Einwärtsneigung. Und doch ist der unverfeinerte, der unfertige Bau gerade so, wie er ist, vollendet, fast dramatisch in der Spannung zwischen Festigkeit und Öffnung und eingepaßt in eine Landschaft, die wolkenreicher, herber, abwechslungsreicher ist als die des östlichen Sizilien. Ein mit seiner Umgebung so einmütiger Tempel, daß man schon glaubte, er hätte gar nicht anders werden sollen, als er ist, die Elymer hätten ihn vielleicht den hochkultivierten Griechen nachgebaut, ohne Cella und Dach, als grandiose Kulisse nur, vor der sie einen eigenen, griechenfremden Kult zelebrierten. Das denkt heute niemand mehr im Ernst, und doch kann es sich jeder sofort vorstellen. Denn Innen und Außen gehen ineinander über. Sollte innen, in einem feierlichen Raum ein heiliges Götterbild stehen oder außen vor der festlichen Folge der Säulen eine Handlung vollzogen werden – beidem böte der Bau Genüge.

Vielleicht waren es die Jahrhunderte, die ihn so völlig in die Umgebung eingepaßt haben; er hatte Zeit, mit ihr zu verwachsen, so wie ein menschliches Gesicht mit der Brille verwächst, die, erstmals getragen, fremd und störend über den Augen sitzt, nach Jahren aber so zum Antlitz gehört, daß man es ohne sie als fremd empfindet.

Ringsum treiben Agaven ihre baumhohen Blüten in den Himmel, und drüben, am gegenüberliegenden Monte Barbaro, dem Hang, der die elymische Stadt getragen und die griechischen Siedler beherbergt hat, da wuchern Wildpflanzen in solcher Fülle, daß man, zumal im Frühling, den Botaniker beneidet, der sie benennen kann – nicht alle, denn wer kennt schon den fleischigen, wilden Fenchel?

Eine Pflanze zwingt zur Besinnung, eine eher unscheinbare mit weißer, zur Mitte zart violett gezeichneter Blüte: Asphodelos. Die Wiese der Unterwelt, auf der die Toten spazierengehen, war mit Asphodelos bedeckt, so erzählt Homer; es ist die Pflanze der Persephone, die wider ihren Willen den finsteren Hades heiraten mußte und nur dann auf die Erde und in ihre Heimat Sizilien zurückkehren darf, wenn dort alles grünt und blüht, wenn der Tod überwunden und ihre Mutter, die fruchtbringende und -schützende Demeter am Werk ist. Keine andere Pflanze ist so eins mit dem Geist der Insel wie diese, dem Tode geheiligte; keine Griechensage so innig an diesen Ort gebunden wie die von Demeter-Persephone-Hades, von Fruchtbarkeit und Tod. Hebt man jetzt den Blick und sieht die Blütenpracht ringsum, ein Kümmelbraun neben leuchtendem Gelb, schäumendes Weiß und tief tönendes Blau, das dichte Grün zwischen Stein und rauhem Boden, und blickt von hier, vom erhöhten Standpunkt zurück auf den tiefer liegenden Tempel, so fühlt man vielleicht wie Persephone, wenn sie im Frühling aufsteigen durfte aus dem Schatten ins Licht, aus dem Grau in die Farbe, aus dem Verfließenden zur festen Form. Der Ort ist nicht mehr einsam, nicht nur durch die ausgebaute Zufahrtsstraße, auch durch die wachsende Kenntnis der Menschen von dem, was sehenswert ist. Es wäre töricht, das zu bedauern, im Gegenteil: Wenn man vom Tempel ins Land hinunterschaut, muß man die Behutsamkeit bewundern, mit der die Autobahn sich auf ihren hohen Stützen heranschwingt, wie sie mit den Hügeln läuft und nirgends störend einschneidet. Der Einheit von Landschaft und Tempel tut die wachsende Besucherzahl keinen Schaden und der aus einer Bretterbude entstandenen bequemen Bar am Parkplatz schon gar nicht.

SIZILIEN

Die Tempel von Agrigent

Warum kommen die frisch getrauten Paare zum Hochzeitsfoto immer nur zu diesem Tempel, dem hochgelegenen der Juno? Sie hätten, wenn es schon ein antiker Tempel als Kulisse für weißen Tüll und schwarzes Tuch sein soll, nicht weniger als elf Möglichkeiten im sogenannten Tempeltal von Agrigent. Wählen sie den Juno-Tempel, weil er an der höchsten Stelle liegt? Von ihm aus sich die antike Stadtmauer und mit ihr alle übrigen Tempel abwärts ziehen? Oder sucht der Fotograf nur die Romantik einer grandiosen Ruine als Hintergrund und kümmert sich gar nicht um den Ausblick aufs Meer und den Einblick in die Antike? Will er nur Pittoreskes? Nun, so sollte er den berühmten Castor- und Pollux-Tempel wählen, bzw. jenen Eckrest, der an dessen Stelle steht. Er ist wirklich malerisch, was daher rührt, daß er gar keine Tempelruine ist, sondern eine Konstruktion aus nicht zusammengehörigen Teilen, bildhübsch und viel beachtet; mit Castor und Pollux hat er nicht mehr zu tun, als daß er eben dort steht, wo die Zwillinge einst verehrt worden sind. Wollte man die Jungvermählten fragen, warum sie gerade hierher kommen – so wäre das taktlos. »Auguri, auguri« ruft man ihnen zu und klatscht in die Hände. Fragte man den Fotografen selbst, so antwortete er mit Sicherheit: Das machen wir immer so. Es ist Usus und praktisch, weil inzwischen geübt. Man kann auf der Asphaltstraße nahe heranfahren, man kennt die richtige Beleuchtung und die richtige Tageszeit, aber warum unterzieht sich jedes junge Paar aus nah und fern immer wieder der gleichen Prozedur? Warum sagt nicht ein Individualist unter ihnen: Wir möchten das Landschaftsfoto unten im Garten des Pirandello,

Tempel der Concordia

wo die Pinie steht und das Meer rauscht? Oder vor dem Felsen des Nymphäums, wo das Wasser verehrt wurde, wahrscheinlich schon lange vor den Griechen? Nein, der Juno-Tempel muß es sein, er gehört dazu wie die Trauung in der Kirche und die Torte bei Tisch. Ein Glaube verrät sich darin, den inzwischen niemand mehr kennt, und an dem doch jeder festhält: Der Glaube an die Hera als Braut und Mutter.

Hera Lacinia nämlich nannte Tommaso Fazello im 16. Jahrhundert diesen Tempel. Es war eine Verwechslung; welchem Griechengott er im 5. vorchristlichen Jahrhundert wirklich gedient hat, weiß niemand. Aber seit über 300 Jahren ist die Vorstellung der Göttin Hera mit ihm verbunden und mit ihr der Gedanke an Liebe und Mutterschaft. Die Göttermutter blieb immer auch Braut, sie hätte sonst die unverdrossen wiederholten Seitensprünge ihres Mannes nicht so schmerzlich empfunden und nicht so rachsüchtig gestraft. Sie möge sie weiterhin segnen, die jungen Paare, die sich, ohne zu wissen warum, unter ihr fotografieren lassen, auf Kinder hoffend und Seitensprünge leugnend.

Fest ruht die Basis des Tempels, vier Stufen heben den geheiligten Raum von der profanen Umwelt ab, verbinden ihn aber auch mit ihr. Und die kannelierten Säulen, die Reste der Cella-Wände, das klassische Maß, das man körperlich spürt, machen den Bau frei und leicht; er liegt hier oben im hellen Licht des Tages. Rötliche Farbe überzieht hier und da die großen, ockerbraunen Blöcke, und durch die Interkolumnen blickt man hinaus aufs Meer und auf den Landstrich, der zwischen ihm und der antiken Stadtmauer liegt. Zur Zeit der Erbauung dieses Tempels war er schmaler, das Meer lag näher. Der Bergrücken allerdings war damals sicherer, heute ist er gefährlich ausgewaschen, große Brocken rutschen immer wieder unter dem Hera-Tempel ab und lassen ihn abenteuerlich schweben. Westlich unter ihm, nicht so nahe am Absturz, rundum erhalten mit Giebel, Dach und Cella, liegt der brüderlich verwandte Concordia-Tempel, wie alle Tempel des Tales im Innern der griechischen Stadtmauer, aber so dicht an sie herangerückt, daß der von außen kommende Fremde damals sein Dach, seine Akroterien, seinen polychromen Stuck, vielleicht sogar seinen plastischen Schmuck erkennen konnte. Das sähe den reichen Griechen von Agrigent ähnlich, daß sie dem Ankömmling mit der Fülle ihrer Tempel imponieren wollten, es gelingt ihnen ja bis heute, denn auch wir staunen die stattliche Reihe von Bauten talabwärts an, wenden uns zurück zum Stadthügel, der dicht mit Hochhäusern besetzt ist – nie kann jemand Auskunft geben, wovon die unaufhaltsam wachsende Bevölkerung dort lebt – und stellen uns verwundert vor, daß dies alles, dieses riesige Terrain griechisch besiedelt und belebt war, und daß rundum Tempel dicht an der Stadtmauer gelegen haben. Wohl doch nicht nur um zu beeindrucken, sondern auch, um die Götter zugleich zum Schutz von Mauer und Stadt aufzurufen. Auch Concordia ist ein falscher Name. Der damit bezeichnete Bau steht unversehrt, keine sikeliotische Übertreibung hat seine klassischen Maße verändert, nur der rötliche körnige Sandstein hätte den Griechen des Mutterlandes an ihm befremdet. Keine Zerstörung hat ihn verwüstet, nicht das Erdbeben, das andernorts alles niederriß, nicht der feindliche Sieger, der strafen, nicht der friedliche Siedler, der bequem zu Baumaterial kommen wollte. Dieser Platz blieb geheiligt, denn als der Raum für ein griechisches Götterbild etwa 1000 Jahre alt war, wurde er in eine christliche Kirche verwandelt, und die Scheu vor dem Verehrungswürdigen hat ihn geschützt und erhalten. Weiter unten liegt Herakles, ganz zertrümmert und verwüstet, nur eine stämmige Säule stand noch aufrecht, als in unserem Jahrhundert sieben weitere wieder aufgerichtet wurden. Es ist der älteste der sichtbaren Tempel, archaisch, mit breit ausladenden Kapitellen und mächtigen Säulentrommeln, die aussehen, als hätte nur die Kraft des Herakles sie bewegen und übereinandertürmen können. So wie sein Agrigenter Heiligtum, schwerblütig, belastet, so stellt man ihn sich vor, ehe er die Aufgaben löste, die jedem anderen unlösbar waren.

Noch weiter unten liegt der Tempel des Zeus. Der größte von allen, der am meisten Rätsel aufgibt, weil er nie vollendet wurde und in seinen Resten so ungewöhnlich ist, daß er sich mit keiner Vorstellung vom Griechentum deckt. Er ist ein Trümmerberg, eine einzige, kannelierte Halbsäule ragt zusammen mit dem Wandstück, dem sie vorgelegt war, sichtbar aus den gestürzten Blöcken. Und dieses einzige Stück gab Anlaß zu der von Goethe ausgesprochenen und immer wiederholten Behauptung, in den Kanneluren der Säulen des Zeus-Tempels hätte ein Mensch Platz zum Stehen. Man versteht das selbstverständlich so, als sei er dann umschlossen wie von einer Nische. Das stimmt nicht. Und das einzige Bruch- und Beweisstück reicht nicht aus für eine solche Behauptung. Aber riesig sind die Maße dieses Tempels gewesen, unsinnig fast. Tief in die Erde greift das Fundament, das kluge Restauration freigelegt und sichtbar gemacht hat, imponierend lang ist der Telamon, die menschliche Trägergestalt, die zwischen den Trümmern auf der Erde liegt, eine von vielen, die das Dach der Cella, man weiß nicht wo und wie, tragen sollte. Dieser Tempel-Koloß war ein Brocken, an dem sich seine Erbauer verschluckten. Sie mußten ihn aufgeben. Sieht man die

Gebälkstücke, die Blöcke ringsum liegen mit ihren U-förmigen Einschnitten für die Transportseile, fragt man wohl heimlich und vergeblich nach Maß und Geist bei diesen sikeliotischen Griechen und erkennt ihre Hybris.

Man geht wohl noch immer durch die helle heiße Sonne, und doch scheint sich die Umgebung zu verschatten. Da ist der hübsche Aufbau einer Tempelecke, Stylobat mit vier Stufen, vier kannelierte Säulen mit Stuckresten, das willkürlich und unsinnig damit vereinte Gebälk, hier also war einst die Stätte von Castor und Pollux, beide nicht eigentlich Götter, nur einer von ihnen Sohn eines göttlichen Vaters.

Und nun wird es wirklich ein wenig dunkler, denn man kommt unter den Schatten von Bäumen und blickt hinüber auf den Hephaistos-Tempel, der sich mit zwei Säulen jenseits einer Senke abzeichnet. Und dann steht man an einem gemauerten Rund – alle seine Steine sind sorgfältig gearbeitet – drei Stufenringe führen zur Mitte, die wie ein Brunnen vertieft ist. Aber es war kein Brunnen, der aus der Tiefe aufwärts Wasser spendete, sondern einer, in den man Flüssigkeit hineingoß: Öl, Honig oder Wein, Flüssiges, das den Weg in die Tiefe zu den chthonischen, den unterirdischen Göttern fand. Und da sind auch ihre Tempel, nicht weniger als drei, nur im Grundriß auf der Erde auszumachen, ganz einfache, kleine, unregelmäßig zueinanderliegende Rechtecke ohne Säulenschmuck, ohne Aufwand, nicht einmal nach Osten ausgerichtet. Zusätzlich Altäre, manche rund, manche eckig, verstreut, als hätte der Zufall sie verloren, als hätte es hier keinen Plan und keine Regeln gegeben. Die chthonischen, die unheimlichen Götter: Persephone, Hades, Hekate, auch die Zwillinge erscheinen in dieser Nachbarschaft unterirdisch, auch der weitab gelegene Hephaistos. Hat man ihretwegen trotz des hellen heißen Himmels den Eindruck, es sei hier dunkler als oben bei der klassischen Juno und der wohlproportionierten Concordia? Castor und Pollux sind hier nicht die brüderlich liebenden Geschwister der Griechen, sie sind nur die griechisch benannten Palikenzwillinge der Sikuler, und sikulische Götter wurden wohl – unverstanden und gefürchtet – an dieser Stelle verehrt. Die Unterweltlichen der Griechen entsprachen ihnen am ehesten, Gottheiten, die sich nicht glänzend offenbaren, nicht ihr Antlitz durch die geöffnete Cellatür am Morgen der Sonne zuwenden wollten, sondern Gottheiten, die ihre Geheimnisse hüten, die Unheimliches verbergen.

An diesem Platz wird die Spannung deutlich, der gewaltige Bogen, der sich vom Juno-Tempel auf dem Bergrücken bis zu den winzigen Häuschen der chthonischen Gottheiten hier unten herabschwingt. Es ist keine klare zeitliche Abfolge, nicht etwa so, wie unser systematisches Denken wünschte, daß die unregelmäßigen Tempel erst, die klassischen später erbaut worden sind, daß die Griechen zunächst die vorgefundenen Götter in einer ihnen vertrauten Gestalt weiterverehrten und die eigenen, hellen später durchsetzten – Hera, die Schimmernde – nein, dieses Agrigent ist ganz und gar nicht systematisch zu erfassen. Hier geschah alles zugleich, hier lebten Sikuler, hier wurden griechische Neusiedler reich, hier stand der gewaltige Herakles-Tempel unversehrt, und in kurzer Entfernung über ihm wuchsen gleichzeitig Concordia und Juno empor, hier opferten Fremde und Einheimische den Mächten des Todes und hofften dabei auf die Fruchtbarkeit des Lebens, Tyrannen bereicherten sich – so erzählt die Legende – an den für den Tempelbau vorgesehenen Geldern, und Sklaven arbeiteten bis zur Erschöpfung. Es gab Todfeinde, doch man trieb Handel mit ihnen, es gab solche, die den Griechen primitiv erscheinen mußten, doch sie heirateten ihre Töchter. Man setzte sich durch und man feierte; Eitelkeit, Not, Bequemlichkeit standen nebeneinander, Stumpfsinn und Geist, bis hinauf zu dem des Empedokles. Und das alles in einer Riesenstadt mit mindestens 13 großen Tempeln, einer Stadt, in der unentwegt gebaut wurde, als »würde man ewig leben«. Wer es begreifen möchte, muß systematisch denken, er muß sich Schichten vorstellen, säuberlich übereinandergelegte, wie bei einer Torte. Aber das Leben ist, das Leben hier war keine Torte, sondern ein Marmorkuchen, ineinander verlaufend und ohne berechenbare Abgrenzungen.

Chauffeur-Geschichte

Er heißt Massimo oder Antonio oder Salvadore, hebt mittlere Gepäckstücke mit einem Finger und winkelt lästige Verkehrsschilder an der Straße um 90° ab, so daß sein Fahrzeug bequem und moralisch unbelastet passieren kann. Eine gewisse physiognomische Angleichung besteht zwischen ihm und seinem Omnibus. Beide sind zugleich Väter und Heimat der Touristengruppe, beide wirken zugleich gutmütig und bullig. Massimos Fahrkunst ist perfekt: Er hat den Kopf hinten bei den ihm anvertrauten Ausländern, gestikuliert zugleich mit beiden Händen zum Reiseleiter hinüber und setzt seinen Fuß auf die Hupe – die Sirenenhupe, die sein akustisches Hauswappen ist. Einen schüchternen Hinweis auf die Straße vor ihm und die Verkehrssicherheit im besonderen löscht er lächelnd mit:
»Hier kennt mich doch jede Ameise.«
Er ist liebenswert kindlich und von einer nicht auslotbaren Eitelkeit. Die griechischen Tempel hat er gebaut, die Landschaft persönlich für uns entworfen, eigenhändig hat er den Himmel gefegt und für uns blau lackiert; wenn wir uns freuen, fühlt er sich bestätigt. Lob macht ihn trunken, Tadel ..., aber wer wird ihn denn tadeln!
Nur einmal wurde er so blaß vor Zorn, daß man ihm das herausgekaute: »Den Kerl schlage ich klinikreif!« glauben mußte. Es war einer, der ihn auf der Landstraße überholt und dabei ein Zeichen mit der linken Hand gemacht hatte. Die Hörner. Einige in der Reisegruppe hielten es für ein Zeichen gegen den bösen Blick, aber es hieß: Gehörnter! Hahnrei! Unfähig, deine Frau zu bändigen!
Und Massimo kaute noch am Abend bei Tisch auf der Unterlippe statt auf den Spaghetti und suchte, schwarze Rache im Blick, nach dem Fahrer des Wagens, der gottlob woanders abgestiegen war.

Hoch oben im Gebirge sammelten wir uns zur Abfahrt auf dem einer Wallfahrtskirche vorgelagerten Rummelplatz: Marktbuden, Devotionalienhandlungen, Cafés, Spielzeugläden. Auch ein exotischer »Haut-den-Lukas« war da, ein schwarzer Stier, dem man als Kraftprobe die Hörner zusammendrücken mußte. Auf runder Anzeigetafel sprang dann ein Zeiger von »Säugling« über »Muttersöhnchen« zu »Halbmann«, »Casanova« und bis in die schwindelnden Höhen von »Muskelprotz« und »Boxweltmeister«. Einer unserer Teilnehmer, schmal wie ein Handtuch, aber insgeheim sportlich gestählt, der den vom Kaffee übrig gebliebenen Zehner in der Hand hielt, warf ihn lustlos in den Schlitz, drückte und kam immerhin bis Casanova. Guter Durchschnitt. Kraftmitte.

Nun aber Massimo! Massimos große Stunde nahte. Massimos Spektakel begann, Massimos Freunde traten näher, Massimos Kollegen reckten die Köpfe. Schon der Einwurf des Geldstückes war ein Akt steigender Spannung, siedender Erwartung, knisternder Erregung. Die Aufstellung des Kämpfers, der Angriff

der Fäuste, das Schwellen der Muskeln ... Und jetzt, jetzt zitterte der Zeiger über den Säugling, den Muttersohn zum Halbmann. Zum Halbmann, und dort blieb er stehen. Halbmann ist nicht etwa ein »Halbwüchsiger«, Halbmann meint genau das, was er sagt, und steht dem Zeichen nahe, das einige von uns für eine Abwehr gegen den bösen Blick gehalten hatten. Halbmann ist schlimmer als Säugling –, für Massimo mußte es der Untergang seiner Ehre sein, das Ende seines Glaubens an sich selbst.
Wir alle sahen, daß der Reiseleiter erbleichte und uns ein blitzschnelles Zeichen gab, nur ja nicht zu lachen. Wir hätten es ohnehin nicht getan, wir kannten doch Massimo. Wahrscheinlich würde er uns bei der Fahrt bergab über die erste steile Kehre hinaus ins Unendliche schleudern, die Zeugen seiner Schande für immer zum Schweigen bringend, selbst aus einer Welt scheidend, in der die Kraft und ihre Anwendung unterschieden sind.
Wir kannten ihn nicht! Lächelnd schüttelte er den Kopf und sagte ruhig: »Komisch, da steht Halbmann. Und ich weiß doch genau, daß ich ein ganzer bin!«
»Bravo!« rief einer, »Hoch!« die anderen.
»Es lebe Massimo!« – und sicher wie auf Engelsflügeln schwebte der Bus bergab.

Adel verpflichtet

Irgendwo da unten lag eine Burg, und darin wohnte ein Graf. Die Burg war historisch interessant, der Graf aber hatte ein Privatleben. Deshalb sah er sich in Zeiten des ausgreifenden Tourismus gezwungen, das Hoftor fest zu verriegeln, außen eine Sprechanlage anzubringen und innen große Hunde bellen zu lassen. Da er indes den historischen Interessen fremder Völkerstämme durchaus positiv gegenüberstand, richtete er in einem von außen zugänglichen Turm ein kleines Museum ein mit nettem Durchschnittskram: ein paar Faustkeile, ein paar Scherben, ein paar Armbrüste, ein paar Schwerter und die Kostüme vom alljährlichen Ortsgeschichtsfest. Das konnten Wißbegierige zu nie genau festgelegten Zeiten besichtigen, ohne dafür die Sprechanlage betätigen oder ans Tor bumpern zu müssen. Alles aber, Museumsturm, Torflügel und Klingel waren in schmaler Durchfahrt greifbar nah vereint. Das Museum zu besichtigen und danach trotzdem noch zu klingeln, lag also nahe, denn das eigentlich Wesentliche, historisch Interessante, befand sich eben hinter dem Tor, der Donjon aus dem 13. Jahrhundert, die alte Unterkirche, die schon im Mittelalter zugeschüttet und wieder freigelegt worden war. Aus der Sprechanlage fragte dann eine höfliche weibliche Stimme nach Namen und Begehr, man stellte sich das weiße Spitzenhäubchen über dem schwarzen Kleid vor und sagte schüchtern, ob man etwa hinein …?

Nein!

Es wären jedoch wohlerzogene, gebildete Leute, so zwanzig etwa, die da hinein …

Nein!

Wenn man als Führer einer solchen Gruppe mindestens zweimal jährlich dieses Nein hört, wenn einem dann immer wieder die Vorstellung von gräflicher Dienerschaft, adligen Hunden und überlegenem *savoir vivre* kommt, wenn man sich da immer wieder als Bittsteller, Außenstehender, Popanz und Pöbel fühlt, dann antwortet man eines Tages kurzschlußschnell auf das zwanzigste »Wer ist da bitte?« mit: »Prinzessin Wolfsberg, bitteschön!« Schweigen. Dann: »Augenblick, bitte, wie war doch der Name?«

Einmal hochgestapelt, immer hochgestapelt. Man wiederholt also den Titel, nun schon betreten, denn in der auf engem Raum versammelten Gruppe beginnt es zu flüstern und zu raunen. Man hat die Reisenden immer aufrichtig informiert, bei Jahreszahlen und stilistischen Zusammenhängen keine Fehler gemacht, warum sollten die Gäste also jetzt an der Ehrlichkeit ihrer Leitung zweifeln? Verheiratet –, aber hochadlig geboren, wie auch anders? Und ehe man flüchtig hinschauen kann, ob das Blut in den Adern der Handrücken wirklich blauer fließt als sonst, sagt das Spitzenhäubchen in der Gegensprechanlage: »Einen Augenblick Geduld, bitte, der Herr Graf kommt gleich, ich habe ihn verständigt.«

Er kommt? Himmel, er soll uns doch nur das Tor aufschließen und die Hunde zurückpfeifen, er soll doch nicht selbst ... Er kam aber selbst. Und schlimmer als befürchtet, nicht etwa aus seinem eigenen Burgtor, sondern mit dem Mercedes von außerhalb. Sein Mädchen hatte ihn irgendwo angerufen und ihm die fremde Prinzessin gemeldet, und da kam er nun prompt und schnell, freundlich und interessiert, und fand – eine Reisegruppe vor dem Hoftor. Die Prinzessin wand sich elastisch und verlegen, selbstbewußt und beschämt. Auch Prinzessinnen müssen heutzutage ihren Unterhalt mit Arbeit verdienen und die ihrige bestand nun mal darin, Reisegruppen geheime Hoftore aufschließen zu lassen und die Unterkirche ... Nur die Unterkirche ... Danke, Graf, vielen Dank ... Ja, Ihr Mädchen kann uns begleiten ...

Ob er zornig war, als er seinen Mercedes wieder torauswärts lenkte? Er ließ es sich nicht anmerken, auch das Mädchen nicht, auch der größte der Hunde nicht, der uns begleitete. Sogar die Fledermäuse in der Unterkirche blieben ziemlich höflich; sie kicherten nur, und dazu hatten sie allen Grund, wie die falsche Prinzessin in echter Scham fühlte.

Als sie indes ein halbes Jahr später wiederkam, bedachte sie eitel den Erfolg, den ihr dieser erschwindelte Eintritt in ein verschlossenes Privatkastell gebracht hatte, und sie überlegte eifrig, wie dieser zu wiederholen sei. Ohne Peinlichkeit diesmal, ohne Begegnung auf Hochadelsebene. Sie rief am Abend zuvor an und bat das Mädchen um soundsoviel Uhr am Tor zu sein, der Graf wäre neulich so liebenswürdig gewesen, er sollte sich morgen nicht bemühen, beileibe nicht, sie wollten nur in die Unterkirche, und es ginge ja schnell, sie wären nur achtzehn, wie letztes Mal, und ihre, des Mädchens Begleitung sei alles, was sie verlangten. Und bitte Grüße, ja, aber sie wollten nicht stören, durchaus nicht stören, nur hinein, hinein wollten sie. Um welche Zeit? Jawohl, um soundsoviel Uhr.

Als sie pünktlich klingelten, sprang das Tor auf wie im Theater und ein Bild bot sich, auch wie im Theater. Der Graf stand, umgeben von seinen Hunden, mitten im Hof, streckte der Reisegruppe beide Hände entgegen und rief: »Willkommen, Prinzessin, willkommen!« Einer der Hunde – hatte er ihn abgerichtet, oder war es der, der vor sechs Monaten mit in der Unterkirche gewesen war? – sprang wedelnd und freudejaulend hinzu, Prinzessins Verlegenheit ging unter in der Be- und Verwunderung der Reisegruppe. Und eben die hatte sie doch diesmal heraushalten wollen aus dem Adelstheater. Bitte, – Handkuß – übersetzen Sie Ihren Freunden, daß ich mich über ihren Besuch freue; kommen Sie, ich zeige Ihnen meine Wohnung, das ganze Kastell, die Unterkirche dann auch, – aber sehen Sie hier, da ist neulich ein Spielfilm gedreht worden, kam auch im Fernsehen, und hier habe ich renovieren lassen müssen; nein, diese attische Vase ist eine Nachbildung, aber hier ist eine schöne Faksimileausgabe vom Falkenbuch »De arte venandi ...«

»... cum avibus«, ergänzte die Prinzessin, um auch etwas zu sagen. »Die Fürstin Schwarzwasser hat es mir neulich geschenkt, na, die müssen Sie doch kennen ...«

Da sagte die Prinzessin nichts mehr. Sie kannte *die* nicht und *den* nicht, nicht mal aus der Regenbogenpresse, war vorsichtig und fragte nicht, wie's der Fürstin, der lieben alten Dame ginge, zumal sie gleichermaßen hätte böse und jung sein können. Es war köstlich, das alte Gemäuer zu sehen, den Ausblick ins Land, den Einblick in die Türme, aber die Prinzessin fühlte, sie wurde geprüft. Schwanzwedelnd lief ein Hund neben ihr, dessen Treue sie nicht verdient hatte, bewundernd schauten ihre Kunden, die sie täuschte, wohlerzogen plauderte der Graf –, nur in den Augenwinkeln, da saß ein Lächeln, da zuckte Spott? Strafte er sie, triumphierte er heimlich? Das ließ er sich allerhand kosten. Noch einmal machte sie eine gute Figur beim höflich-herzlichen Abschied, eine schlechte indes vor sich selber. Ein Trost blieb, ein tiefer und guter: Dies war ihre letzte Reise in diese Gegend. Sie würde nie wiederkommen, das Kastell nie mehr betreten.

Jahre später wurde jemand krank. Jemand, der jetzt immer die Gruppen in diese Gegend brachte. Irgendwer mußte ganz rasch für ihn einspringen, so rasch, daß die Prinzessin gar nicht überlegte, was alles diese Reiseroute mit einschloß. Und als es ihr endlich einfiel, stand für sie fest: Diesmal besichtigen wir artig das kleine Museum und sonst nichts. Machen ja alle so – und das genügt ja auch!

Aber das kleine Museum war mit seinen Öffnungszeiten mal wieder schlampig; auf dem Emailschild war das 15.30 Uhr mit Tesaband überklebt und auf 16 Uhr abgeändert. Es war immerhin 15.45 Uhr; man konnte also getrost warten in der engen Passage, wo das Hoftor, die Klingel und der Museumseingang und nun auch noch eng gedrängt die diesmal ziemlich zahlreiche Gruppe beisammen waren. Gottlob schien hinter dem Tor überhaupt kein Leben mehr zu sein, kein Hund, kein Auto, keine Menschenstimme. Aber beim Warten werden sogar 10 Minuten lang, ein verständnisvoller Reiseleiter wird versuchen, sie abzukürzen, indem er etwas erzählt. Vom Prinzessinnenschwindel z. B., was eine Selbstbespiegelung ermöglichte, eine Selbstkritik und ein Gelächter bei den Hörern.

»Er hat mich«, schloß die Erzählung, »beim zweiten Besuch auf die Probe gestellt, überführt, blamiert, höflich selbstverständlich, und peinlich. Mein einziger Trost dabei ist, daß ich diesen Mann nie im Leben wiedersehen werde ...«

Und da stand er – das Tor war lautlos aufgeschoben worden –, der Graf, neben ihm der Hund, hinter ihm der Mercedes und abermals: »Prinzessin, guten Abend, treten Sie ein, meine Freunde, ich setze den Wagen zurück, Sie haben ja gar keinen Platz!« Und abermals das ganze Schloß – eine Entschuldigung, daß das Mädchen im Zwinger gerade Wäsche aufgehängt hat – und schließlich das gräfliche Schlafzimmer. Mittelalterlich kühl, warm dekoriert und mit allen modernen Bequemlichkeiten im anstoßenden Bad.

»Dies hier«, wandte er sich triumphierend an die Hochstaplerin, »haben sogar *Sie* noch nicht gesehen!«

Die Prinzession nickte versonnen. Ihr fielen zwei Formen eines italienischen Ausdrucks ein: *darsi l'aria*, sich den Anschein geben, und *darsi delle arie*, sich wichtig tun.

LIPARI

Die äolischen Inseln

Die Griechen glaubten, der Windgott Aiolos sei der Herr dieser Inseln. Und da er sich von keinem seiner zwölf Kinder trennen mochte, von keinem der sechs Mädchen, von keinem der sechs Jungen, verheiratete er sie untereinander und lebte für immer ungestört und glücklich mit ihnen.

Das läuft, wie die griechische Legende es erzählt, wider die Natur und entspringt doch einem ganz natürlichen Wunsch, den alle Eltern einmal heimlich gefühlt haben. Dieses innig gewünschte, eigentlich nicht haltbare und bei Aiolos doch verwirklichte Miteinander, das kann man auf diesen Inseln noch immer erleben. Es ist heute bedroht: Von der snobistischen Mode, sich auf der gefährlichsten der Inseln zu Füßen eines tätigen Vulkans ein Ferienhaus zu bauen, das vom Festland aus schwer, von Sizilien aus nur wenig leichter, von diesseits der Alpen aus fast gar nicht zu erreichen ist. Es ist auch bedroht durch den Tourismus, der sich überall dorthin wendet, wo es paradiesisch schön ist. Aber Aiolos, der niemals abgesetzte Griechengott, ruft dagegen seine Stürme auf, und welcher Vergnügungsreisende wählt gern einen Aufenthalt, bei dem An- und Abreise nicht absolut zuverlässig festliegen? Im Sommer ist das zwar der Fall, aber im Winter nicht, und so ist der Tourismus zumindest zeitlich beschränkt. Außerdem hat ein Gott noch etwas mehr für die Insel getan, etwas, das die griechische Phantasie versäumt hat, in eine Legende zu fassen. Man könnte es sich so vorstellen:

Als der häßliche, verkrüppelte Hephaistos einmal seine Schmiede im Innern des Ätna verließ und sich auf der Erde in der näheren Umgebung umsah – den Olymp mied er bekanntlich – da fand

Der Hafen von Lipari

er mitten im tiefblauen salzduftenden Meer eine Inselgruppe von phantastischen Formen: Glatte Kegel senkten sich gleichmäßig und rund in die weit gespannte Wasserfläche, steile Abstürze verletzten sie an anderer Stelle, ein Felsentor rahmte den hindurchlaufenden Blick mit sanftem Braun und führte ihn von Meer zu Meer, von grünem Gischt zu grauem Grund.

Das Land verengte sich an einer Stelle zu einem schrittbreiten Isthmus, so daß das Meer herantreten konnte und die Buchten füllen, leuchtend blau mit langen Säumen. Es gipfelte sich an anderer Stelle auf und zu steilen Bergen, die bewaldet waren und in deren dichtem Grün Früchte glühten und Faune hockten. Sie betranken sich am Wein, der feurig aus den Trauben rann und sprangen in wilden Sprüngen von Berg zu Berg, von Fels zu Fels, hinein in die mit Meerwasser gefüllten Höhlen und hinauf auf die schroffen Klippen. Gesträuch und Dornen gab es viel, aber auch duftende Blumen und Hänge, Wiesen und weiße warme Strände. Hephaistos bemerkte, daß alle diese Inseln, alle diese Berge genauso waren wie der Ätna – Essen nämlich, Schornsteine, unter denen man große Schmieden hätte einrichten können, so wie im Ätna. Er verlangte deshalb von Zeus, ihm diese Inseln zu schenken, als Feuerinseln, Vulkaninseln, als Tummelplatz für seine Schmiedegesellen. Zeus schlug es ihm ab. Diese Inseln, meinte er, seien ein Teil seines Hochzeitsgeschenks an Hades und Persephone und also vergeben.

Da hinkte Hephaistos zum Hades, auch er weigerte sich, die schönen Inseln herzugeben, Hephaistos aber, der Häßliche, näherte sich der im Hintergrund des Gemaches sitzenden Persephone. Sie sprang ängstlich auf und wich vor ihm zurück, Hades wollte herbeieilen, aber Hephaistos, der technisch geniale, hielt ihn mit einer herausschnellenden, starken Feder zurück. Und während er Persephone umarmte und diese laut schrie, rief Hades:

»*Eine* Insel, eine will ich dir geben!«

Hephaistos entließ die Frau aus seinen häßlichen Armen und nahm die Insel Stromboli. Da ihm das aber nicht genügte und da er nicht nur gegen seine Mutter Hera, sondern überhaupt voller Rachsucht war, darum ging er hin und raubte den Inseln das Wasser. Er, der Feuergott, ließ alle Quellen für immer versiegen. Und er ging hin und streute die Schlacke aus seiner Schmiedewerkstatt ringsum auf die weißen weichen Strände. Schwarz wurden sie, kantig, hart. Mit dem Wasser verschwanden die lieblichen Blumen und die süßen Wiesen; Kräuter, Sträucher und Dornen blieben. Und auch der Wein blieb, feurig – süß und berauschend, für Faune eher geeignet als für Menschen.

Aiolos – wir haben ihn nicht vergessen – Aiolos wurde erst später zum Herrn eingesetzt, erst nachdem Hephaistos die lieblichen

Inseln verändert hatte, und Persephone sie nicht mehr schön fand. Die aus Bosheit begangene Tat des Hephaistos aber wurde zum Segen für die Aiolosinseln – vor allem für die heutige Zeit: Eine bestimmte Art von Tourismus kann ohne Sandstrände und ohne den Überfluß an Süßwasser nicht gedeihen. Und so kann man noch immer etwas von der herzerwärmenden Haltung des Aiolos dort finden: Das Miteinander.

Nicht, daß sich dort alle Leute kennen, dafür sind die Orte denn doch zu groß. Auch wäre es unsinnig zu denken, hier gäbe es keine Eifersucht, keinen Konkurrenzkampf und keinen Egoismus. Doch scheint das alles eingebettet in einen Lebensstil, dessen Voraussetzung das Dasein aller ist.

Man spürt das, wenn man am kleinen Hafen in einem der mittlerweile zahlreich gewordenen Cafés sitzt. Keines davon ist mondän oder gepflegt, alle so, daß man sich setzen kann, auch ohne etwas zu verzehren. Dort trifft jeder jeden, auch der Ortsfremde trifft dort jeden: den Fischer, den Sänger mit den roten Hosen, der mal in einem Berliner Lokal aufgetreten und also welterfahren ist, die Taxifahrer, den Hotelchef, die Frau mit den Hühnern, den Kleinwagenfahrer mit seinem Sohn, den Mann vom Bankschalter. Und alle gehören dazu. Es ist schon deshalb keine Einbildung, weil es jeder empfindet, und der Fremde zumal als Überraschung. Ich kenne Leute aus unseren Breiten, die es sonst kaum aushalten, einfach dazusitzen ohne etwas zu tun oder wenigstens zu planen. Dort können sie es. Es kommt vor, daß der Gemüsemann mit seinem Tempokarren vor dem Café hält und mich, noch ehe ich mich dort gesetzt habe, fragt:

»Ich muß eben mal nach Quattropani, willst du mit?«

So bin ich seit frühester Kindheit nicht mehr gefragt worden; es ist wie: Wollen wir im Sandkasten spielen?

Es ist wie: Komm, wir klauen Äpfel am Zaun! Es ist wie: Versteck dich, die Jungens kommen!

Es ist so unkompliziert wie das Miteinander von Kindern.

Manchmal taucht auch Antonio auf. Antonio, der für mindestens ein Jahrzehnt der ungekrönte König dieser Insel war und der es

Stromboli

nun nicht mehr ist. Die Zeit hat ihn überholt, die Entwicklung ihn übersprungen. Er ist noch kein Greis, aber nicht mehr jung. Er setzt sich zu uns Fremden an den Tisch, hier im Hafen, wo er einst kaum Zeit hatte, uns zuzuwinken. Denn alle warteten damals auf ihn, jeder wollte etwas von ihm, die Freunde liefen ihm zu, manche blickten vorsichtig abwartend in sein Gesicht, als käme von dort eine ihnen wichtige Entscheidung. Man fragte ihn, man brauchte seine Hilfe, die Fischer zogen ihn mit sich in die Halle, wo der Fang der Nacht verkauft wurde; der kleine Hausbesitzer teilte ihm mit, daß er zwei Zimmer zu vermieten habe, wollte ihn bitten, wenn das Fährschiff heute abend käme, aufzumerken und geeignete Kunden einzufangen; der Weinbauer versprach ihm einige Flaschen gratis für dies oder jenes; der Freund wollte für morgen sein Motorrad ausleihen, der Hotelchef bat um eine Unterredung am Abend, jemand fragte, wer heute morgen mit dem Dampfer angekommen sei, und Antonio wußte es. Wer war er, was tat er eigentlich?

Er war Fischer wie die meisten und hatte viele Kinder, noch mehr als die meisten. Sein Vorteil war seine Beweglichkeit. Er vermittelte und wußte. Er stand regelmäßig an der Anlegestelle, wenn

Schiffe kamen und Fremde ausstiegen, er führte sie weiter, zum Essen dort, zum Schlafen hier; er nahm sie nächtens mit zum Fischfang hinaus und fuhr sie bei Tage mit dem Boot zur Nachbarinsel. Und er ließ sich das alles bezahlen, mit Gegendiensten von den Einheimischen, mit gutem Geld von den Fremden. Er hatte seine Hand im Spiel, wenn Land den Besitzer wechselte und Einfluß, wenn ein neues Taxi zugelassen werden sollte.

Aiolos hatte es vermocht, seine Kinder in Geschwisterehen zu verheiraten. Antonio hatte es vermocht, daß seine Enkel älter waren als die eigenen Kinder, er hatte in der zweiten Generation die Onkel den Neffen folgen lassen. Ich weiß nicht, wie viele Kinder er eigentlich hatte. Unterhielt man sich mit ihm, so hörte man:

»Weihnachten werden wir in der Schweiz verbringen, bei meiner Tochter ...«

»Ach, du hast eine Tochter in der Schweiz?«

»Zwei. Eine ist verheiratet, die andere im Hotel.«

Und dann blieb es einem überlassen, sich das Hotel klein und die Tochter in untergeordneter Stellung vorzustellen oder das Haus größer und die junge Dame darin vielleicht von Wichtigkeit. Vielleicht hatte sie des Vaters Beweglichkeit und seine Intelligenz geerbt, denn sein Gesicht verriet: er war intelligent, von rascher Auffassungsgabe.

Oder er sagte ganz beiläufig:

»Die Kinder aus Kanada haben uns Flugtickets geschickt, wir sollen sie besuchen. Aber wir können das nicht, Francesca ist noch zu klein.«

Francesca, das jüngste Mädchen, sein Liebling.

»Wie viele Kinder hast du denn in Kanada?« fragte ich.

»Nur einen Sohn, aber der aus New York käme auch hin, wenn wir fliegen würden.«

»Aber Ihr fliegt nicht? Dann muß du die Tickets rechtzeitig zurückgeben ...«

Er sah mich mitleidig an und dann schweigend aufs Meer hinaus. Seine Würde gebot ihm, einen so überflüssigen Rat zu ignorieren. Ich bin sicher, er trug das Geld für den rückgegebenen Flug bereits bar in der Tasche.

Aus den zufälligen Fahrten zu den Nachbarinseln entwickelte er einen regelmäßigen Touristendienst; die abendlichen Besuche in allen Hotelbars oder Gaststätten nahmen den Charakter von Arbeitstreffen an; ließ er andere für sich arbeiten, so waren es die eigenen Söhne. Was für sie mit 12 Jahren ein stolzes Spiel war, wurde mit 15 verantwortungsvolle Pflicht. Ich habe in zwanzig Jahren mit immer neuem Erstaunen gesehen, wie immer neue Knaben mit 15 zu Bootsführern wurden, mit 17 auf die Marineschule gingen, ein Steuermannsexamen ablegten und mit 21 auf eigenem Dampferchen irgendeine Route befuhren, die irgendeine Behörde ihnen genehmigt hatte. In den Dampfern, der Ausbildung, vielleicht im Bestechungsgeld bei der Behörde steckte Vaters in Kleinstbeträgen erarbeitetes Geld. Antonio war ein guter, ein aufmerksamer Vater, das lernte ich am Beispiel seines Sohnes Stefano.

Stefano war schön. Ich habe in meinem ganzen Leben nur zwei Menschen gekannt, die so schön waren, daß bei ihrem Eintritt jedes Gespräch verstummte. Einer davon war Stefano im Alter von 15, 16 Jahren. Wohl kein griechischer Ephebe war je schöner gewesen; eine strahlende Kraft ging von seinem Gesicht aus, und daß sie ganz in Bescheidenheit gebettet war,zurückgenommen, leise, das verstärkte ihre Wirkung auf alle. Oft kam er ins Hotel, wenn wir aßen. Und wahrhaftig: Alle ließen das Besteck sinken, alle schauten ihn an. Auch die beiden Filmschauspielerinnen, die an diesem Ort – damals noch ein Geheimtip für alle, die das Besondere wollten – ihre Ferien verbrachten. Stefano war gerade in dem Alter, wo er für den Vater die Route zwischen den Inseln fuhr. Die beiden Frauen verhandelten mit ihm – gern wie man sah – sie wollten von ihm gerudert werden, an einsame Plätze, jeden Tag.

Aber Antonio stand hinter seinem Sohn und sagte: »Ich werde kommen!«

»Wir möchten Stefano«, beharrten sie.

»Auch er wird kommen.« Und wahrhaftig: Antonio ließ seinen Sohn in dieser Zeit nicht allein. Er hätte anderes zu tun gehabt, und sicherlich wäre es ergiebiger gewesen, die Arbeit wie immer zu teilen. Aber die Seelenruhe des schönen Sohnes wog schwerer. Antonio ließ ihn nicht aus den Augen, solange die Filmschauspielerinnen am Ort blieben – die vielleicht nur die Absicht hatten, sich an einem besonders hübschen Jungen optisch zu freuen. Auch Antonio mag das für möglich, mag alles für harmlos gehalten haben, aber er war wachsam. Er war ein guter Vater.

Stefano fährt heute einen Vergnügungsdampfer, ist verheiratet und hat ein Töchterchen. Er sieht noch immer sehr gut aus, er ist wohl für immer ein sehr sympathischer, ein eher bescheidener Mensch. Aber die Jahre seiner alles überstrahlenden Schönheit waren kurz, von 15 bis 16. Man möchte sagen, in dieser großen Familie kam auch einmal ein Fall von Schönheit vor: Stefano.

Es kam aber auch einmal ein ganz anderer Fall vor, den lernte ich erst kennen, als ich Antonios Haus betrat. Er hatte mich schon oft dorthin zum Essen eingeladen, diesmal aber mit nicht mehr aufschiebbarer Dringlichkeit. »Ich habe im Winter das Haus umgebaut«, sagte er, »du mußt es sehen.«

Ich sah es mit Überraschung. So bescheiden, so beengt also wohnte der Mann, der im Leben dieses Ortes eine so bedeutende Rolle spielte. Es gab ein Bett für die Eltern, viele provisorische Lagerstätten für die Kinder und rings an den Wänden Pappkartons. Darin lagen die Kleider, die Wäsche, das Werkzeug. Die Küche freilich enthielt einen großen Kühlschrank, einen guten Gasherd, Tisch, Stühle und ein Küchenbüfett. Und das, was Antonio im Winter an diesem Wohnhaus um- oder ausgebaut hatte, waren keine zusätzlichen Wohnräume, keine eingepaßten Regale oder erweiterte Gänge, es waren Badezimmer. Nicht weniger als vier, einige mit Wanne, einige mit Dusche, alle mit Bidet und jedes vom anderen unterschieden durch hübsche teure Kacheln, jedes individuell in der Farbe, jedes aufs feinste abgestimmt vom Fußboden zur Wand, von der Wanne zum Bekken. Die Duschvorhänge originell, die Spiegel extra beleuchtet,

Wandschränkchen für Toilettenartikel – festlich, fröhlich und fast luxuriös.

Antonio spielte mit seiner bis dahin jüngsten Tochter und stellte sie mir als seine »Verlobte« vor, ein zehnjähriger Bub alberte dazwischen herum. Antonios Frau kochte. Sie war wohlbeleibt aber nicht dick, sie trug schwarz, wie es sich für ihr Alter schickte, und sie war sich ihrer sicher. Jedes Wort, jede Bewegung waren, man möchte sagen »königlich«, wenn dieses Wort nicht mißverständlich mit Gold und Seide verbunden wäre oder mit großartigen herrischen Gebärden. Sie war königlich im Sinne einer Unerschütterlichkeit und Würde, die jeglicher Anfechtung standzuhalten versprach. War ihr Mann der ungekrönte König dieser Insel, so war sie in diesem Haus ohne Möbel die Königin. Ich bin überzeugt, daß Antonio sie in einem langen Leben öfter betrogen hatte – es konnte sie nicht anfechten, es erreichte sie kaum, es verletzte ihre Würde nicht mal äußerlich.

Wer sie hier war, was sie bedeutete, erwies sich im selben Augenblick, als die Kinder freudig riefen:

»Die Tante, da ist die Tante...!« – und als am Küchenfenster das bärtige Gesicht einer alten Frau auftauchte. Sie war tatsächlich bärtig, keine Verwandte des Hauses, sondern ein guter, wenn auch hexenhaft wirkender Geist der Familie, jemand, von dem man sich vorstellen konnte, daß er Kräuter sammelte und bei Krankheit den richtigen Tee daraus kochte. Sie wurde von den Kindern jubelnd begrüßt, sprach aber mit Antonios Frau wie mit einer Dienstherrin, reichte ihr Eßwaren ins Fenster, bekam das Geld dafür und für den nächsten Tag neue Aufträge. Kein Zweifel, das alte Weiblein kaufte für die Familie ein; Antonios Frau aber war von dieser Pflicht entbunden.

Als ich mich dafür entschuldigte, ihr heute noch zusätzlich Mühe zu bereiten, sagte sie schlicht: »Daran bin ich doch gewöhnt.«

Was für eine schöne Antwort. Keine Lüge, keine Konvention, keine Beschönigung, eine den Gast beruhigende Wahrheit. Ich stellte mir vor, für wieviele Menschen diese Frau ein Leben lang gekocht hatte, heute waren wir nur fünf...

»Sechs«, sagte sie, »mit Luigi«.
Aber ich sah keinen Luigi. Während des Essens war die Rede von ihm.
»Warum kommt er nicht pünktlich?« fragte die Mutter; und zu ihrem Mann gewandt: »Findest du das richtig?«
»Er sollte wenigstens die Mahlzeiten einhalten, denkst du nicht auch?«
Antonio dachte es auch, aber Luigi kam dennoch nicht; er kam, als wir alle längst fertig waren. Sein Gruß war kaum verständlich, der Vorwurf seiner Mutter blieb unbeachtet; er setzte sich, ihm wurde nachserviert. War er 18, 20 Jahre alt?
Als die Spaghetti vor ihm dampften, stand er auf, öffnete das obere Fach des Küchenbüfetts, nahm eine lebende Zikade heraus und setzte sie auf seinen Tellerrand. Sie sollte mit ihm essen. Wie ein Kind seinen Teddybären füttert, zeremoniell, mimisch und doch im Sinne einer real vollzogenen Handlung, so ließ Luigi seine Zikade Spaghetti essen.
Und da erst merkte ich, erschrocken über das makabre Schauspiel, das niemand in der Familie besonders zu beachten schien, da erst merkte ich, daß Luigi geistig nicht normal war. Unter so vielen fröhlichen und gesunden Kindern, neben einem Bruder wie Stefano – dann dieser. Und die Eltern, bereits mit zahlreichen Kindern gesegnet, schließlich mit einem wie Luigi belastet, es hatte sie nicht gehindert, weitere zu bekommen: die kleine Francesca, die eben ihre Schürze abtat, der zehnjährige Bruder, der vor der Küchentür in der Sonne hockte. Sage niemand, Antonio, der Pfiffige, hätte nicht gewußt, wie man weitere Kinder hätte vermeiden können! Er hat sie gewollt. Er beobachtete mich, während Luigi und die Zikade Spaghetti aßen; er merkte, daß ich endlich verstand. Und als Luigi, der Behinderte, seine Zikade wieder in den Küchenschrank setzte und den Teller von sich schob, klopfte ihm der Vater auf die Schulter und sagte zu mir gewandt:
»Siehst du, das ist unser Luigi. Der Faulste von allen. Nur Schlafen, Trinken, Essen – sonst nichts!«

Und Luigi lächelte dazu.

Ich war verblüfft. So einfach also war das und so offen konnte man es handhaben. Keine Lüge, keine Beschönigung, nur die Wahrheit. Diese aber eingebettet in das Miteinander der Familie, in dem der Ephebe und der Geisteskranke dasselbe Recht hatten. Das Miteinander auf diesen Inseln, das ist es, was sie so anziehend macht, das ist, was die schlichte Erzählung vom Aiolos lehrt.

Reisen bildet…

…ja, und es verdirbt. Mit weltmännischer Gelassenheit steigen wir in den Jumbo-Jet. Wir fliegen doch nicht zum ersten Mal! Mit sicherem Griff klicken wir die Gurte ein und stoppen smoking…

Windstärke 6 in der Biscaya. Haben Sie schon öfter solche Wellen gesehen? Aber ja, auf der Reise in die Karibik, da hatten wir 9, da standen wir Kopf, da konnte man nicht mal mehr… Am Rande der Sahara, zeitschluckende Weite ringsum, ein Farbspiel aus Felsbraun bis Sandgelb, ein hügelanziehender Saum, ein steinabschwingender Grat, trockenblauer Himmel und eine Kamelkuh, die ihr Junges säugt… Haben Sie so was schon mal gesehen? Nein, aber voriges Jahr in Indien, da… Ein Hotel aus Marmor und Gold, zwölf gleichgroße, blütenweiß gekleidete Boys vor der Eingangsfront, nicht zum Arbeiten, nur so zum Dastehen. Echte Teppiche im Empfang, Muschelnischen und Seidenkissen, Bambusgeflecht und ausladende Rotan-Lehnstühle… Ja, haben Sie's denn zu Hause anders?

Na und erst in Europa! Wer wird denn zweifeln, ob die große weiße Kuppel da wirklich St. Peter ist? Wer wird denn den anderen ein heimliches Lächeln ermöglichen und fragen, ob der Palazzo Vecchio das Rathaus sei?

Wer würde nicht von allein den Ätna erkennen? Wer nicht das Reisevokabular beherrschen von »Singl« über »Kennzeln« bis zum »Tschecken«?

Die fremden Münzen – nur Gewohnheit. Die fremde Sprache –, ich kann ja Latein, die Grundlage einer jeden. Wir kennen und können. Und nur manchmal dämmert ein Kindertraum herauf vom ersten Grenzübertritt des Lebens, als das unverstandene Wort der anderen einen Rausch erzeugte, der unlesbare Wegweiser ans Herz griff, das vorher nie gesehene Geld ein Abenteuer war. Als ein hoher Berg keinen Namen hatte, aber alle Himmel stürmte, als man an der Rezeption eines Hotels nicht antworten konnte, weil die Höhe der Halle und die Blitze im Kronleuchter ein donnernder Theaterschlag waren, unwiederholbar, unalltäglich und alles andere verdrängend.

Wo immer es aufkeimt, dies naive Staunen vor der Welt, da sollte man's wachsen lassen. Jede Lächerlichkeit riskieren, jeden Neunmalklügeren unterlaufen. Auch der Vielgereiste wird, wenn er gescheit ist, nicht das Hier und So mit dem Damals und Dort übertrumpfen und abtöten. Tut er's, so klassifiziert er sich selbst. Mehr als einer, der scheinbar dumme Fragen stellt.

Nur wer fragt, nur wer staunt, nur wer unverdrossen ehrlich ist – nur den bildet Reisen wirklich.

ÄLTERE TEXTE, NEU GESETZT IM
BOER VERLAG

Stefano Infessura
Römisches Tagebuch
Italienisch-lateinischer Originaltext
Deutsche Übersetzung und Einleitung
von Hermann Hefele
612 Seiten

Eugène Delacroix
Literarische Werke
Aus dem Französischen übersetzt und
eingeleitet von Julius Meier-Graefe
332 Seiten

Wassily Kandisky
Über das Geistige in der Kunst
insbesondere in der Malerei
Der Text folgt der dritten Ausgabe von 1912
102 Seiten

Rudolf Czapek
Die neue Malerei
Eine Kulturstudie
Der Text folgt der Erstausgabe von 1909
64 Seiten

Kein reprografischer Nachdruck. Alle Texte wurden neu gesetzt,
durchgesehen und teilweise verbessert.

ÄLTERE TEXTE, NEU GESETZT IM
BOER VERLAG

Leone Battista Alberti
Drei Bücher über die Malerei
Italienischer Originaltext und deutsche
Übersetzung von H. Janitschek
144 Seiten

Ascanio Condivi
Das Leben des Michelangelo Buonarroti
Italienischer Originaltext und deutsche
Übersetzung von R. Valdek
168 Seiten

Dino Compagni
Chronik
Von den Dingen, die zu seiner Zeit geschehen sind
Mit italienischem Originaltext
Übersetzt und eingeleitet von
Ida Schwartz
288 Seiten

Des Girolamo Cardano
eigene Lebensbeschreibung
Übertragen und eingeleitet von
Hermann Hefele
264 Seiten

Kein reprografischer Nachdruck. Alle Texte wurden neu gesetzt, durchgesehen und teilweise verbessert.